子どもと声に出して読みたい

童子教《どうじきょう》

江戸・寺子屋の教科書

齋藤孝

DOUJI-KYO
saito takashi

致知出版社

はじめに——子どもたちに「生き方の基本」を教えた『童子教』

◉独学で『童子教』を学んだ二宮尊徳

二宮尊徳《にのみやそんとく》は江戸時代の後期に生まれ、農家の出でありながら小田原藩の財政再建を果たした偉人です。その二宮尊徳の年譜《ねんぷ》を見ると、八歳のときに『童子教《どうじきょう》』と『実語教《じつごきょう》』を学んだとあります。また、十四歳の頃にも『大学』や『論語』とともに『童子教』を学んだという記述が見られます。

尊徳は、十四歳のときに父親が亡くなったため、寺子屋へも行けませんでした。薪《たきぎ》を背中に担いで本を読んでいる尊徳像はよく知られていますが、彼はあのようにして、仕事をしながらこれらの勉強を続けたのです。その学問への意欲はたいへんなものだったと思います。

『童子教』の中には、さまざまに工夫をして勉強を続けた偉人たちの話が出てくるのですが、おそらく尊徳は、それらを読んで自らを奮い立たせていたに違いありません。

では、『童子教』とはどういう書物なのでしょうか。最初に簡単に説明しておきましょう。

◉人としての生き方を説いた子どものための教訓書

『童子教』は鎌倉末期に生まれて明治の初期まで使われた子どものための教訓書です。仏教の教えを中心に、『論語』や『詩経《しきょう》』といった儒教の経典《きょうてん》にある言葉を引用しながら、礼儀作法、言葉の使い方、教師への敬意、父母への孝養《こうよう》といった、この世の中を生きるすべを一冊にまとめています。また、この世の無常を感じ、来世を願い求めるといった、当時の人々が影響を受けていた仏教的な思想を子どもに教え説く内容も含まれています。

作者は不明ですが、平安前期の天台宗の僧侶安然《あんねん》の作とする説があるようです。現在のところ、最古の版としては南北朝時代の天授三（一三七七）年の書写版が確認されているとのことです。

この『童子教』が広く一般に広まったのは江戸時代でした。『実語教』とともに、寺子屋でテキストとして使用されるようになったのです。教科書ガイドのような手引きも出版されていて、それを見ると挿絵つきで内容の説明がなされています。

『童子教』は『実語教』とひとくくりで語られることが多いのですが、『実語教』が低学年向けに人間の基本的な生き方を伝えるものであったとすると、『童子教』はそれよりも少しレベルを上げて、高学年向けの人生の教科書といった内容となっています。そのため、分量的にも『実語教』に比べて多くなっています。

『童子教』の特徴は、「この世で人格を練り上げて来世につなげる」という大きな流れにそって、一生を悔いなく過ごしていくために必要な智恵を伝えようとしているところにあります。「人格を磨くには学問が大事だから、どんなときでも書物を離さずにいなさい」と教えたり、「父母に対する孝行の気持ち、先生に対する感謝の気持ちを忘れなければ立派な人間になれますよ」というように、人として踏み行うべき道の基本を繰り返し説いています。

前著『子どもと声に出して読みたい「実語教」』の中でくわしく触れていますが、『実語教』は儒教の影響をより強く受けていて『論語』の言葉がたくさん出てきました。それに比べると『童子教』は冒頭で述べたように仏教の影響が色濃く出ています。ただし、儒教や神道の考え方も各所に感じられますし、むしろ、仏教・儒教・神道を一つの入れ物に入れてかき混ぜて、その中から生きるために役立つ教えを引き出して説いているといったほうが的確かもしれません。

たとえば「目上の人と対するときには慎しみ深い態度で、しっかり礼儀を守りなさい」とか「友達の関心を引こうとして、できもしないことを口にするのはよくありません」とか「父親の恩はどんな山よりも高く、母親の徳はどんな海よりも深いものです」といったことを教えるために、仏教の言い伝え、儒教の言葉、神道の考え方などを織り交ぜて解説しているのです。

このあたりはいかにも日本らしいところで、いいものはなんでも取り入れるという混合的な教えになっています。

◉子ども時代にしっかりとした精神の柱をつくる

『童子教』が伝えようとしているメッセージはとてもシンプルなものです。

二宮尊徳もそうだったでしょうが、おそらく『童子教』を習った江戸時代の子どもたちは、「月明かりの下で勉強した人がいた」とか「親孝行のために雪の中から筍《たけのこ》を掘りだした人がいた」といったエピソードに素直に感銘《かんめい》を受けて、「よし、自分も！」とやる気になったことでしょう。かつての日本人は本当に素直で、いい話を聞いたらすぐにそれを信じて、自分も勉強しよう、自分も親孝行しようと思うような人たちが多かったのです。

取りあげられている事例の中には、かなり極端なものも混じっています。現代人の目から見ると「こんなこと教えていいのかな」と思うような内容もありますが、人が真っ直ぐに育つ基本を教えるという観点から見ると、おおむね間違っていないように感じます。むしろ、今の時代にこそ強調したいような内容もたくさんあります。教える側の補足は必要ですが、**こういう内容を幼い頃に道徳として習えば、しっかりとした精神の柱ができるように思うのです。**そのような柱ができれば、今の子どもたちが抱えているような心の悩みは少なくなるのではないかと思います。

人間として踏み行うべき道が自分の中にしっかり入っていると、それが当たり前に思えてきます。そういう人は、他人に親切にするほうが気分がいい、一所懸命勉強するほうが気分がいい、先生を尊敬して仲良くなるほうが気分がいい、親子関係がうまくいくほうが気分がいいと、自然と思えるのです。

今は心の病を持つ人が増えているといわれますが、それは案外、こういう基本的な生き方を押さえていないところから生まれてくるのではないでしょうか。たとえば、先生に対して尊敬の念がない、親に対して感謝の気持ちがないという人は、自分が困ったときに相談する相手がいなくなります。人づきあいの基本を知らず、日常生活で周囲の人たちとしっかりと関係がつくれていないことが、自分を不安定な状態に追い込んでいるのではないかと思えるのです。

いい大人なのに親に頼って働かない人がいますが、親が働いて自分を育ててくれたことに対する感謝の気持ちがあれば、「今度は自分が親を楽にしてあげたい」と自然に思うはずです。そういう気持ちが起きないというのは、親への感謝の気持ちを持つ大切さを教わってこなかったためでしょう。だから、親が子の面倒を見るのは当たり前、大学へ行かせてくれるのも当たり前、フリーターになったら養ってくれるのも当たり前という感覚になってしまうのです。そして、親が注意をするとすぐにキレてしまう。そういう未熟な心のまま大人になってしまった人が、その考え方を切り替えるのはなかなか難しいことでしょう。

それゆえ、幼い頃に人としての基本を身につけなくてはいけないのです。それによって、むしろ自分自身が楽に生きられることに気づかなくてはいけません。

『童子教』が教えているのは、子どもたちがこの世の中を生きていくために欠かせない生き方の基本です。『童子教』が広く学ばれた江戸時代は封建社会で、今のような民主的な社会ではありませんから、子どもにとって厳しすぎると感じる部分もあるかもしれません。しかし、親への態度、人づきあいのルール、学問の大切さ、生き物を大切にするといった教えは、どのような社会であっても大切な考え方だと私は思います。

その意味で、『童子教』の教えは普遍性を持っているといえますし、後世まで日本の子どもたちに伝えていく価値のある本だと確信しています。子どもたちによりよい生き方を教えるために、ぜひとも本書を活用していただければと思います。

『童子教』の読みと解釈については、江戸時代の注釈テキストをはじめ、大正時代に宮周作氏が発行したテキスト等、先人の労作を参考にさせていただきました。感謝申し上げます。

子どもと声に出して読みたい『童子教』＊目次

第三章　世の中のルールを知る

第四章　智恵のある人になる

装　幀——川上成夫
編集協力——柏木孝之

第一章

礼儀を身につける

1

偉い人の前に出たときの態度を学ぼう

夫《そ》れ貴人《きじん》の前《まえ》に居《い》ては
顕露《けんろ》に立《た》つことを得《え》ず
道路《どうろ》に遇《お》うては跪《ひざまず》いて過《す》ぎよ
召《め》す事《こと》有《あ》らば敬《うやま》って承《うけたまわ》れ

偉い人の前にいるときは目立とうとせず、道で会ったときには跪いて通り過ぎるのを待ちなさい。用事を申しつけられたら、敬意を持ってうやうやしく聞きなさい。

◉目立つより控えめなほうがいい

『童子教』のはじめにある言葉は、身分の高い人の前に出たときの態度を教えています。身分の高い人の前に出るときは、相手から自分の姿がはっきり見えるように立ってはいけないというのです。なぜならば、目立つような態度をとると目ざわりになってしまうからです。

今は世の中の身分の差がそれほどないので、ピンとこないかもしれません。でも昔は、身分の高い人の前で「自分はここにいますよ」とアピールするのは禁じられていました。道で身分の高い人に出会えば、跪《ひざまず》いて通り過ぎるのを待ちました。尊敬の気持ちを身体で表すためにも跪いて首《こうべ》を垂《た》れるという習慣があったのです。今でもイギリスでは、女王陛下などに対して、跪いてその手を取ったりします。これは相手を敬う身体表現です。

「召《め》す事有《ことあ》らば」は、尊い人が用事を申しつけようとしている、尊い人に呼ばれたときという意味。そういうときは、礼儀を尽くして用件をちゃんと聞きなさいといっています。

2 尊い人の話を聞くときの姿勢を学ぼう

両《りょう》の手《て》を胸《むね》に当《あ》てて向《む》かえ
慎《つつし》んで左右《さゆう》を顧《かえり》みず
問《と》わずんば答《こた》えず
仰《おお》せ有《あ》らば謹《つつし》んで聞《き》け

両手は胸に当てて対面しなさい。慎み深い態度を保ち、左右をキョロキョロ見てはいけません。

質問をされなければ答える必要はありません。何かおっしゃられるときには、うやうやしい態度で聞きなさい。

◉聞かれたことにだけ答える

ここには尊い人の話を聞くときの姿勢について書かれています。

まず「両手を胸に当てて向かいなさい」とあります。今ではあまり見ない姿勢ですが、これには二つの意味があると考えられます。一つは尊い人の言葉を胸でしっかり受け止めるという意味です。この頃の研究では、心は脳にあるという見方が主流になっていますが、かつては心のある場所は胸だと思われていました。だから、頭で理解するのではなく胸で受け止めるというと、「心からあなたを尊敬申し上げております」という意志を伝える表現になっていたのです。

また、もう一つは「私は危険人物ではありません」と示す意味があったのではないかと思われます。手を後ろに回していると、武器を隠し持っていると怪しまれるかもしれません。そういう怪しい人物を高貴な人の前に出すわけにはいきません。だから、両手を前に出して、危険なものは何も持っていないと示すのです。欧米人が握手をするのもこれと同じような理由です。

次の「慎《つつし》んで左右《さゆう》を顧《かえり》みず」というのは、慎み深い態度をとり、キョロキョロあたりを見回してはいけません、ということ。想像してみてください。大事な挨拶《あいさつ》をするときに、他にどんな人が来ているかなとキョロキョロしていたらおかしく思われてしまうでしょう。そういう浮ついた態度をとってはいけませんよ、慎み深い態度でいなさい、と注意しているのです。

「問《と》わずんば答《こた》えず」とは、身分の高い人が問いかけてこなければ答えないということ。聞かれてもいないのにベラベラしゃべってはいけません、といっているのです。今の時代でいえば、会社に入ったら上司から何か聞かれたときに、聞かれた内容について答えるようにしなさい、という使い方になるかもしれません。

天皇陛下が毎年春と秋に各界の著名人や功労者、政治家などを招いて園遊会を開きます。いつもその様子がテレビのニュースで放送されますから、注意して見てみてください。必ず天皇陛下のほうから出席者に質問されたり、声を掛けられて、それに対して出席者が答えるという形になっています。聞かれてもいないのに、天皇陛下に向かっていきなり「私はこういう者で、こういう仕事をしています」という人はいません。それは失礼にあたるからです。

現代の日本では、「問わずんば答えず」の相手になる貴人は天皇陛下ぐらいしかいないかもしれませんが、昔は上下の身分の差が大きかったので、こういう教育がなされていたのです。

最後にある「仰《おお》せ有《あ》らば謹《つつし》んで聞《き》け」というのは、貴人がおっしゃりたいことがある場合には謙虚な態度で静かに聞きなさい、という意味の言葉です。これも尊い人に対する大切な態度です、と教えています。

私は大学生たちに、「人の話を聞くときは、その人のほうにへそを向けて聞くように」と指導しています。このシンプルな習慣だけでも、聞く構えが格段によくなります。聞く構えが大切なのです。

3　「おじぎ」の意味を理解しよう

三宝《さんぽう》には三礼《さんれい》を尽《つ》くせ
神明《しんめい》には再拝《さいはい》を致《いた》せ
人間《にんげん》には一礼《いちれい》を成《な》せ
師君《しくん》には頂戴《ちょうだい》すべし

仏教の三つの宝である「仏・法・僧」に対しては三度礼をして敬意を表しなさい。神社では二度の礼を忘れてはいけません。知り合いにあったら、一度頭を下げなさい。師や偉い人には敬意を込めたおじぎを忘れてはいけません。

◉おじきは「相手への尊重」を表わすメッセージ

仏教では、悟りを開いて教えを生み出した仏陀《ぶっだ》（お釈迦様）と、その教え（法・ダルマ）と、大切な教えを伝える僧侶（お坊さん）を「三宝《さんぽう》」と呼んで大切にしています。これらはとても大切なものだから、「三回礼をしなさい」というわけです。

これに対して「神明《しんめい》」は日本の神様を指しているのでしょう。神社でお祈りするときには、再拝といって二回礼をするのが決まりになっています。それが神様に対するときの礼儀です。そして、「人間《にんげん》には一礼《いちれい》を成《な》せ」とあるように、人間相手の礼は一回でいいというのです。

つまり、仏教の教えには三回礼をし、神明には二回礼をし、人間には一回礼をするというように、相手によって礼儀作法に違いがあるといっているわけです。礼の回数を見ると、『童子教』では、仏教の教えをもっとも重視していることがわかりますね。

それから「師君《しくん》」は先生ですが、尊敬できる立派な人を含めてもかまわないでしょう。そういう先生や尊敬する人には「頂戴《ちょうだい》すべし」。頂戴といっても、ここでは何かをもらうという意味ではありません。

自分より目上の人が何かをくれたときに「頂戴する」といいます。昔は、そういう場合、頭を下げて両手を頭より上に上げた姿勢で「頂き」ました。それが一つの礼儀となっていました。だからここの「頂戴すべし」は、「頭を下げて挨拶する」という意味にとればいいでしょう。私たちは日常、ご飯を食べるときに「頂きます」と挨拶をします。あの挨拶も、実は最初は、上の者が下の者に与えてくれた品物を頂く、というところからきているのです。

ここの「師君には頂戴すべし」は、先生にはしっかりと礼儀を尽くしなさい、といっているのですね。たとえば、朝、先生に会ったらちゃんとおじぎをする。江戸時代の子どもたちは、先生の前に立ったらちゃんとおじぎをして、「おはようございます」と挨拶していました。

人におじぎをして挨拶するのは、「私はあなたを尊重しています」というメッセージです。「あなたを先生として大切に思っていますよ」と、身体を使って伝えているのです。だから、最初にしっかりした挨拶をすると、その後の人間関係がとてもつくりやすくなります。

社会人になるとまず挨拶の指導を受けるのにも、そういう理由があります。仕事の中では、「あ、どうも」と軽く頭を下げるようなおじぎでは不十分です。お客さんや会社の上司に対して、しっかり礼のできる人のほうが評価されるのです。

サッカー日本代表の長友佑都《ながともゆうと》選手は、イタリアで深々とおじぎをするパフォーマンスで大人気になりました。日本人の礼儀正しさが伝わる素晴らしいパフォーマンスです。ただ、日常ではあまり深々とおじぎをするのは大げさになってしまうので、適度に好感のもてる礼を心がけるように注意してみてください。

4

お墓や神社でしてはいけないことを知ろう

墓《はか》を過《す》ぐる時《とき》は則《すなわ》ち慎《つつし》め
社《やしろ》を過《す》ぐる時《とき》は則《すなわ》ち下《お》りよ

お墓の前を通り過ぎるときは慎ましくしなさい。
神社の前を通り過ぎるときは乗り物から下りなさい。

◉自分がここにいるのは先祖のおかげ

日本には昔から先祖を敬うという信仰があり、過去に生きていた人は尊い人なのだという見方をします。そのため、先祖を仏壇《ぶつだん》やお墓でちゃんと祀《まつ》る。死んだ人にも礼儀を尽くして感謝をするのです。

だから、先祖が眠っているお墓の前では騒いで失礼にならないようにしなさい、と親は子どもたちに教えました。死者に対する尊敬の念、感謝の念を忘れてはいけません、と教える。それが日本の文化です。死んだからゼロになるとは考えないのです。

そういう尊敬や感謝の念は、先人があってはじめて自分が今ここにいるんだという見方から生まれてきます。今はそういう先祖を敬う意識が薄れてきて、自分が単に両親から生まれてきたと思っているかもしれませんが、お父さん、お母さんにもそれぞれ両親がいて、おじいちゃん、おばあちゃんにもそれぞれ両親がいると考えれば、遠い昔にいた先祖がいてはじめて自分がいるのだとわかってくるはずです。

だから先祖を尊敬するか、あるいは先祖に感謝しなくてはいけないのです。

◉上下の礼儀を大事にする日本人

次に「社《やしろ》を過《す》ぐる時《とき》は則《すなわ》ち下《お》りよ」とあります。社というのは神社ですから、神社の前を通り過ぎるときには乗り物から下りなさい、といっているのです。たとえば馬に乗っていたとしたら馬から下りる。駕籠《かご》に乗っていたとしたら駕籠から下りる。そのまま通り過ぎてはだめですよ、と注意しているのです。

なぜ下りなければいけないかというと、神社には神様が祀られているからです。神聖な場所を乗り物に乗ったまま通り過ぎるのは、上から目線になってしまって失礼にあたります。だから、いったん下りるようにしなさいというのです。

今でもスピーチをするときに、壇上から見下ろすのは失礼だからと、わざわざ下に下りて挨拶する場合があります。あるいは「高いところから申し訳ありません」と最初に一言いってから話の中身に入ることがあります。

日本人は上下の礼儀を大事にします。それはよしあしの問題ではなくて、礼儀として身についているものだと思います。今は平等の時代ですが、実際に社会に出てみると、相手に丁寧に接したり、「どうもありがとうございます」と感謝の気持ちを伝える場面がたくさんあります。そういう関わり方が大事なのだと、みんなが考えています。

だから、相手と自分の立場をはかって、礼を失わないように、ときには高いところから下りるという配慮も必要になるのです。

神社のような「聖なる場所」に対して、畏敬《いけい》の念を持つようにすることで、精神性が養われると、先人たちは考えたのです。

5

神聖な場所でのルールを知ろう

堂塔《どうとう》の前《まえ》に向《む》かって
不浄《ふじょう》を行《おこな》うべからず
聖教《しょうぎょう》の上《うえ》に向《む》かって
無礼《ぶれい》を致《いた》すべからず

お寺の堂塔の前で不謹慎な振るまいをしてはいけません。
尊い教えが説かれているときは静かに耳を傾けなさい。

◉寺や神社で不浄を行ってはいけない

ここではお寺や神社といった神聖な場所での振るまい方を教えています。これは今でも役立ちますから、覚えておくといいでしょう。

まず「堂塔《どうとう》」とありますが、これは仏教の堂や塔を指しています。「堂」はお寺にいくと必ずあります。仏像が安置されていて、教えや礼拝が行われる場所です。「塔」はもともと、仏陀が亡くなって荼毘《だび》に伏されたあとに残った仏舎利《ぶっしゃり》（遺灰《いはい》や棺《ひつぎ》や祭壇《さいだん》の灰塵《かいじん》など）を祀るためにつくられたものです。堂や塔は非常に大切にされているので、昔から不浄を行ってはいけないと厳しくいわれています。

不浄の内容はいろいろありますが、要するに「清くないこと」です。さすがに立小便をする人はいないと思いますが、犬を散歩させて糞《ふん》をさせるとか、喧嘩《けんか》をするとか、大声で笑うとか、歌を歌うといったことも不浄にあたります。

昔の人たちには、お寺や神社は神聖な場所であるという意識が強くありました。だから、そういう尊い場所では行動を慎みなさいと子どもに教えたのです。

お寺や神社に限りません。昔は卒業式の式典とか成人式のように、日の丸が飾ってある場所では静粛《せいしゅく》にしたものです。それは〝正式な場所〟だからです。成人式で騒ぎ続ける若者の行動がニュースになったことがあります。ハタ迷惑な行為として非難されていましたが、正式な場所、大切な儀式ではきちんとするのは、成人はもちろん子どもでも当然のことです。

神聖な場所に行ったら緊張感を持つようにしてください。そういう体験も大切です。まだ私が小さかった頃、法事でお寺に行ったときに、長い時間正座をしていて痺《しび》れて動けなくなったことがあります。こういうのも一つの体験としては面白いものです。

痺れをきらして動きたくなるところを我慢して正座を続けるのが大切なのです。そこで足を伸ばして「ああ、痺れがきれた」というと軽い不浄になってしまいます。

◉〝聞く構え〟をつくる

次の「聖教《しょうぎょう》の上《うえ》に向《む》かって　無礼《ぶれい》を致《いた》すべからず」の「聖教」とは尊い教えです。そういう素晴らしい教えを説く場所に、聖堂というものがあります。

この言葉は「尊い教えが説かれているのに話を聞かないのは無礼にあたります」と教えています。あるいは「聖堂では無礼な行いをしてはいけません」といっているのです。

大学というと、とても自由な感じを受けるかもしれません。しかし、いくら自由でも、先生が講義をしているときは、しっかり話を聞かなくてはいけません。私は将来学校の先生になる人たちを教えているので、そのあたりは厳しく指導しています。大事な話をしているのに寝ている学生がいると、すぐに注意します。そういう学生が先生になっても、いい先生になれるわけがないと考えるからです。〝聞く構え〟が大事なのです。

大切なことを教えてくれているのに、おしゃべりをしたり暴れたり、寝ていたりして聞かないというのは、本来あるべき姿ではありません。今の時代は『童子教』で学んでいた頃よりもゆったりした社会になっていますから、リラックスして学ぶのはいいのかもしれません。しかし、教えてくれる人に対して失礼な態度をとってはいけないというのは昔も今も変わりません。

6

人づきあいで大切なことはなんだろう?

人倫《じんりん》礼《れい》有《あ》れば
朝廷《ちょうてい》必《かなら》ず法《ほう》有《あ》り
人《ひと》にして礼《れい》無《な》き者《もの》は
衆中《しゅうちゅう》又《また》過《とが》有《あ》り

人づきあいに礼儀というものがあるように、朝廷にもルールがあります。礼儀を知らない人は、普段の生活の中でも失敗するものです。

◉礼儀は人づきあいの基本

人づきあいでは礼儀が大事ですよ、と教えている言葉です。

昔、朝廷というものがありました。朝廷とは天皇を中心とした政治を行う場所ですが、そこには必ず法、つまりルールがありました。当時は礼儀というものが朝廷のルールになっていて、立ち居振るまいの様式が細かく定められていました。それにしたがって行動することによって、上下の関係を明確にしていたのです。

だから、礼儀から外れると規律を乱す者として扱われてしまいました。そういう人は「衆中又過有り《しゅちゅうまたとがあり》」だといっています。わかりやすくいうと、礼儀を知らない人は、かしこまった正式の席に限らず、普段の人づきあいでも間違いを犯すものです、といっているわけです。

日常のつきあいで礼儀をしっかりするのは大事なことです。

人から何か頂き物をしたらすぐに礼状を書くとか、手紙をもらったら返事を書くとか、友達からメールがきたら返事を返すというようなことが人間関係の基本になります。

メールを送ったけれど返事がないというのは、礼がないのと同じなのです。それは人づきあいの上では大きなマイナスになってしまいます。また、そうした小さな礼儀をおろそかにする人は、大きな舞台に立ったときにも失礼を働いてしまう可能性が高いのです。

どの時代でも、礼儀がしっかりできるというのは人間の基本です。

7　たくさんの人と仲良くなるためには？

衆《しゅ》に交《まじ》わりて雑言《ぞうごん》せず
事畢《ことおわ》らば速《すみ》やかに避《さ》けよ
事《こと》に触《ふ》れて朋《とも》に違《たが》わず
言語《げんご》離《はな》るることを得《え》ず
語多《ことばおお》きは品少《しなすく》なし
老《お》いたる狗《いぬ》の友《とも》を吠《ほ》ゆるが如《ごと》し

多くの人と交わる基本は無駄話をしないこと。用件が済んだらすぐにおいとましなさい。友達と対立するのはよくありません。思ってもいないことを口にしないようにしましょう。おしゃべりは品がありません。それはまるで老犬が顔見知りの犬に吠えかかるようなものです。

◉友達と対立しないようにする

これは大勢の人と交わっているときの態度を教えている言葉です。「雑言《ぞうごん》」は無駄話ですから、くだらない無駄話はしていないで、用件が済んだらさっさと別れて帰りなさいといっています。今は雑談も話の潤滑油《じゅんかつゆ》として大事ですが、昔は「相手に迷惑になるので、用件が終わったらさっと切り上げて迷惑をかけないようにしなさい」と教えていたのですね。

次の「事《こと》に触《ふ》れて朋《とも》に違《たが》わず」とは、友達と反対の意見をいって喧嘩してはいけません、といっているのでしょう。議論ならばいいのですが、言い争いはよくないと注意しているのです。

古代ギリシャ時代、哲学者のソクラテスがいた頃のギリシャでは、人と反対の意見をぶつけて議論をするのがいいこととされていました。そういう議論の伝統が西洋では古代から現代まで続いてきました。だから西洋人は、いくら激しく議論しても、その時間が終われば握手をして笑顔で別れていきます。

ところが、日本人には相手と反対の意見をぶつけ合って議論をする伝統がありません。むしろ、相手の意見に自分を合わせていこうとします。そのため、討論の場で人と対立する意見をいおうとしても、そこに感情が混じりがちです。その結果、議論ではなく口喧嘩のようになってしまい、その後の人間関係にまで響いてしまうという場合も少なくありません。

『童子教』が友達とは喧嘩せずに仲良くやったほうがいいと教えているのも、そのほうが日本人にはフィットするとわかっていたからでしょう。

ただ、今の時代は自分の意見を求められる場合も増えています。だから、意見は積極的にいうほうがいいと思いますが、それが喧嘩のような言い合いにならないように、表現の仕方を工夫するといいでしょう。「自分はこういう理由でこう思う」という言い方をすると、いい話し合いができるはずです。

◉言葉と行動を一致させる

「言語《げんご》離《はな》るることを得《え》ず」は、口にする言葉を自分と離して適当なことをいってはいけない。つまり、言葉と行動とを一致させなければいけませんよ、と教えているのでしょう。できもしないのに上っ面だけの言葉を口にしてはいけないと戒めているのです。

そういう浮ついた言葉を口にするのではなく、言葉と行動を一致させる。もっとわかりやすくいうなら、「約束したことは守りなさい」と教えているのです。これは「信」という一文字で表すことができます。「信」とは信用、信頼の信ですが、言行が一致しているという意味があります。ここでは、その大切さをいっています。

次の「語多《ことばおお》きは品少《しなすく》なし」は、『論語』に出てくる「巧言令色《こうげんれいしょく》、鮮《すくな》し仁《じん》」という言葉を踏まえているのでしょう。口数の多い人、おしゃべりは品がないといっています。

品がないのは、みっともない。なぜかというと、おしゃべりな人は話の内容に意味がないことが多いからです。できもしないことを並べたり、いいかげんなホラ話を口にする人は信用ができません。だから孔子は「口数の多い人は真心（仁）が少ない」といったわけです。品がないといっているのです。

最後の「老《お》いたる狗《いぬ》の友《とも》を吠《ほ》ゆるが如《ごと》し」の「の」は「が」に置き換えて読むとわかりやすくなります。口数の多い人は、年老いた犬が顔見知りの犬に向かって吠えるようなものだといっているのです。子犬ならばともかく、年をとった犬がワンワンと吠え続ける、しかも吠えている相手は自分がよく知っている相手だとしたら、これはみっともないですね。くだらないことばかりしゃべるのはそれと似たようにおかしなものだよ、と教えています。

今は『童子教』ができた古い時代よりもずっと自由にしゃべることができます。自分をいくらでも表現できる時代です。だから、言葉が少ないほうがいいとは必ずしもいえません。入学試験や入社試験の面接のような場面では、元気に積極的にアピールするのはむしろいいことです。けれども、相手の話を聞かないで自分勝手にしゃべり続ける人は自己中心的だと思われてしまいます。そういう人は、なかなかよい評判は得られないでしょう。

その意味では、ここの言葉は「自分だけが一方的に話すのではなくて、人の話もしっかり聞きましょう」という教えになっているともいえますね。

第二章　正しい生き方を学ぶ

8

食べることより大切なことはなんだろう?

懈《け》怠《たい》する者《もの》は食《しょく》を急《いそ》ぐ
痩《や》せたる猿《さる》の菓《このみ》を貪《むさぼ》るが如《ごと》し

ダラダラしている人は食べ物のことばかり考えています。
それはまるで痩せた猿が木の実をむさぼり食うようなものです。

◉怠け者ほど食べ物を求める

怠《なま》け者は「ああ、次は何を食べようか」「早く昼ごはんの時間にならないかな」といつも考えているというのです。そして、その姿は「痩《や》せたる猿《さる》の菓《このみ》を貪《むさぼ》るが如《ごと》し」である、と。これはそのままの意味ですね。

飲食関係の仕事についている人が、いつも食べ物について考えているのは当然です。しかし、そういう人とは別に、暇《ひま》で何もすることのない人も食べ物のことばかり考えているというのです。人間は食べないと生きていけませんが、かといって食べることばかりでは困ります。人生にはもっと大事なことがあるのではないだろうかと、この言葉は問いかけています。

「寝食を忘れる」という言葉があるように、一所懸命な人は食べるのも寝るのも忘れて働いたり勉強をしています。孔子も「自分は寝るのを忘れて発奮《はっぷん》して勉強するような人間でありたい」といっています。そういう時間の過ごし方をしなさいと教えているのです。

今はテレビを見ても食べ物番組が大変増えています。どこかにおいしいものがないかと探し回って紹介しています。みんな、おいしいものには千円ぐらい平気で払いますが、本のように自分の心を豊かにする糧《かて》となるものには千円払うのも迷ってしまうという人も多いようです。食べることのほうが、本を読んで勉強することより大事だと考える人が増えているのでしょうか。

その意味では、怠けている人ほどおいしいものを食べることばかり考えているという『童子教』の指摘は鋭く、現代にも通用するのではないかと思います。

9

勇気がありすぎるのも困りもの

勇《いさ》める者《もの》は必《かなら》ず危《あやう》き事《こと》あり
夏《なつ》の虫《むし》の火《ひ》に入《い》るが如《ごと》し
鈍《にぶ》き者《もの》は亦《また》過《あやま》ち無《な》し
春《はる》の鳥《とり》の林《はやし》に遊《あそ》ぶが如《ごと》し

勇ましい人は必ず危ない目に遭います。
まるで夏の虫が火の中に飛びこむようなものです。
反応が鈍い者は間違いが少ないといえます。
それは春の鳥が林の中でのんびりさえずっているようなものです。

◉勇気だけでは失敗する可能性が高い

勇気がある人は、状況判断が十分でないまま一か八かで行動に出てしまうことがあるから怪我《けが》をしやすい、というのです。勇猛果敢すぎて、あっけなく死んでしまうというケースが昔の戦争ではよくあったのです。

それは夏の虫が火の中に入っていくようなものだ、とありますが、これは「飛んで火に入る夏の虫」という言葉通りです。

命までは落とさないにしても、このようなことは普通の社会生活でも起こります。たとえば受験のとき、「当日調子よかったら受かるかも。行け行け」と大きな気持ちになって受けたら落ちてしまったというようなケースがあります。このような場合、あとから冷静に考えたら合否の確率は半々だったとか、不合格の可能性のほうが高かったとわかることがあります。これは勢いで受けて失敗した例です。

あるいは会社で「この企画は面白いから、たぶん成功するよ」と市場調査を十分に行わないまま進めたところ大きな損害が出てしまったというケースもあるでしょう。よく「なんでもいいからやってみよう」という人がいますが、本格的な仕事になればなるほど無理押しは大きな損害につながる可能性が高いのです。だから十分に慎重な調査をして、「これならば絶対大丈夫」というものを見極めてから取り組むほうがいいのです。

勇気は大切ですが、何も考えずに飛び込んでしまうと、失敗する可能性が高いということは知っておいたほうがいいでしょう。

◉「熟慮断行」の姿勢で

次に「鈍《にぶ》き者《もの》は亦過《またあやま》ち無《な》し」とあります。鈍いという言葉は、今はあまりいい意味では使いません。でも、ここではいい意味で使っています。「あまり鋭く反応しすぎない人は過ちが少ない」というのです。

指示されたらすぐに行動に移すのは「スピード感があっていい」と評価される場合が多いのですが、慌《あわ》てて判断して失敗している人も少なくないはずです。「勇《いさ》める者《もの》」というのはそういう人なのです。

ところが、反応が一見鈍いというか、ゆっくりしている人は、周囲の様子をよく見て、危険だと思えば「今は止めておこう」という判断ができます。それによって余計な損失を出さずに済みます。そう考えれば、確かに「反応が鈍い人は過ちが少ない」といえるわけです。

今の時代は反応がよいほうがいいと思いますが、浅い考えで行動してしまうと過ちが多いというのも事実です。何事も、一度ゆっくり噛みしめて判断する必要があるといえるでしょう。「熟慮断行《じゅくりょだんこう》」という言葉があります。「じっくり考えて、きっぱり行動する」という意味の言葉ですが、こういう姿勢が大事でしょう。

勇んで行動する人は、熟慮が足りないケースが多い。そして、それは失敗につながりやすい。だから、「春の鳥が林に遊ぶように、ゆったりとした心持ちでいなさい」といっているのです。頭に血が上ると判断を間違えやすいから注意しましょう、といっているわけですね。

10

壁に耳あり障子に目あり

人《ひと》の耳《みみ》は壁《かべ》に付《つ》く
密《ひそ》かにして讒言《ざんげん》すること勿《なか》れ
人《ひと》の眼《め》は天《てん》に懸《か》かる
隠《かく》して犯《おか》し用《もち》うること勿《なか》れ

誰かが壁に耳をつけて聞いているかもしれません。
だからこっそり悪口をいってはいけません。
誰かが上から見ているかもしれません。
だからかげに隠れて悪事を働こうとしてはいけません。

◉悪事は必ず明らかになる

「壁に耳あり障子に目あり」という言葉があります。「密かに話をしているつもりでも、壁に耳を付けて聞いている人がいるかもしれないし、障子に穴をあけてのぞいている人がいるかもしれない。くれぐれも注意が必要だ」という意味ですが、「人《ひと》の耳《みみ》は壁《かべ》に付《つ》く」も同じような言葉です。

昔の家の壁は薄かったという理由から、こうした言い方が生まれたのかもしれません。しかし、今でも話を盗み聞きされてしまうという事件はあります。噂話《うわさばなし》がインターネットを通じて一気に広まってしまうこともあります。むしろ昔よりも今のほうが「壁に耳あり障子に目あり」になってきたといえるのではないでしょうか。

次の「密《ひそ》かにして讒言《ざんげん》する」は、隠れたところで他人の悪口をいうこと。讒言とは悪口をいったり、中傷することです。しかも、根拠のない噂や作り話をもとにして「あの人はこうなんだって」と悪口をいう。

それは絶対にやってはいけません。悪意のある噂話をしていると、「壁に耳あり障子に目あり」だから必ずバレてしまいますよ、というわけです。

「人《ひと》の眼《め》は天《てん》に懸《か》かる」というのは「人の耳は壁に付く」とセットになった言葉です。見られていないようでも人はどこからか見ているものだ、というわけです。その眼からは隠れることはできない。だから、隠れて悪さをしてもバレてしまいますよ、と注意しているのです。

「隠《かく》して犯《おか》し用《もち》うること勿《なか》れ」は、かげに隠れて変な企《たくら》みをしたり、勝手に何かを使ってはいけない、という意味でしょう。会社のものを自分の私物として使ったり、会社のお金を私用に使ってしまう人がいます。本人はバレないつもりでも、必ずバレてしまうから、そんな悪さを働いてはいけないといっているのです。

また、今は町のあちらこちらに監視カメラが備えつけられています。犯罪が起こると監視カメラの映像をたどって、犯人がどこに逃げたかがわかるようになっています。それで犯人が捕まることも多くなりました。

この監視カメラというのは、まさに天に眼があるようなものです。「人の眼は天に懸かる」というのが具体的にイメージできる時代になってきています。

11

口は災いのもとになる

車《くるま》は三寸《さんずん》の轄《くさび》を以《も》って
千里《せんり》の路《みち》を遊行《ゆぎょう》す
人《ひと》は三寸《さんずん》の舌《した》を以《も》って
五尺《ごしゃく》の身《み》を破損《はそん》す
口《くち》は是《これ》禍《わざわい》の門《かど》
舌《した》は是《これ》禍《わざわい》の根《ね》

車はほんの短いくさびによって、はるか遠くまで進んでいきます。
人は小さな舌によって自分の身をだめにしてしまいます。
口は禍の出てくる門のようなものです。舌は禍の生じる根っこのようなものです。

◉小さなものが大きな損害を生むことがある

昔の車ですから、車輪は木でできていたのでしょう。「轄《くさび》」とは、車輪が車軸から外れるのを防ぐために車軸にさしこむ短い棒です。「寸」というのは長さの単位で約三センチですから、三寸は約九センチになります。

「くさびを打つ」といいますが、くさびにはつなぎ目をしっかり固定させる役割があります。しっかり打ったくさびが車輪をしっかりつなげておけば、千里もの遠い道でも悠々《ゆうゆう》と行けるといっているのです。

このくさびは、自動車でいえばボルトのようなものです。ボルトが緩《ゆる》んで外れたり、折れたりすると大変です。車だけでなく、ボルトが一個緩んでいるだけでも飛行機は飛べません。一つのボルトの緩みが大事故につながるため、整備工の人たちは慎重にボルトの点検確認作業をします。

次に「人《ひと》は三寸《さんずん》の舌《した》を以《も》って五尺《ごしゃく》の身《み》を破損《はそん》す」とあります。くさびは重要なものですが、その長さは三寸ほどしかありません。これは人間で考えると舌のようなものだろうというわけです。三寸の短い舌が五尺の身を壊してしまうというのです。

一尺は約三十センチ、五尺は百五十センチぐらいになるでしょうか。それほどの身長のある体をたった九センチほどの舌が壊してしまう。小さな舌から出てくる言葉の使い方を間違えると、人生をだめにしてしまうことがあるといっているのです。ここでは車と人を比べて、ほんの小さなものが大きく役に立ったり、損害を与えたりすることを教えています。

◉真実だとしてもいっていいわけではない

舌が全身を壊してしまうのは、今もいったように、「口《くち》は是禍《これわざわい》の門《かど》」だからです。これは「口は災いのもと」と同じ意味の言葉です。変なことをしゃべってしまうと、それが禍を生むのです。それと同時に「舌《した》は是禍《これわざわい》の根《ね》」です。舌が動いて口にしてはいけないことをいってしまう。舌は禍が生まれてくる根っこだというわけです。「舌禍《ぜっか》」という言葉がありますが、舌はときどき禍を引き起こします。

自分の口に手を当ててみて「ここから禍が出てくるんだ」と思うと恐ろしい気がしますが、ここでいっていることは本当です。私自身、経験してきましたが、今まで何が禍だったかと考えると、だいたい自分が口にしたことが原因になっている場合が多いのです。「あのときあんなことをいわなければ、喧嘩にならなかったのに」とか、「もっと違った言い方をしていれば、もっとよくしてもらえたのに」というようなことばかりです。

たとえ真実だとしても、なんでも口にしていいわけではないのです。むしろ、真実こそ指摘してはいけない場合が多々あります。なぜならば、真実というのは、いわれたほうの相手にしてみればとても傷つくものだからです。

たとえば、女の子にもてない男の子に「お前、もてないな」といえば、それが事実だとしても、その子はいやな気分になるでしょう。同じように、勉強のできない子に「頭、悪いな」とか、足の遅い子に「足、遅いな」とかいってはいけません。

口が悪い人は、だんだん友達が減っていってしまいます。

楽しく語らうのはいいのですが、否定的なこと、相手のいやがることはいわないように気をつけてください。思ったことを口にしてしまう人は、相手が気分の悪くなることはいわないと決めて、意識的に直すほうがいいかもしれません。

そのためには、頭で思ってもすぐに口に出さないようにするのがポイントです。こういったら相手はどう思うかなと一回考えて、問題がないと判断したら話すようにすればいいでしょう。

子どもは思ったことをすぐに口に出してしまいがちです。たとえば、人の家へ遊びに行って、あまり広くない家だと「この家、狭いね」と平気でいってしまう。悪気はまったくないのですが、相手は気分を害してしまうでしょう。「だから、言葉を発する前には『こういったら相手がどういう気持ちになるか』を考える習慣をつける必要があるのです。

相手が楽しくなる言葉や相手を褒める言葉ならどんどんいっていいのですが、相手がいわれていやな言葉はいってはいけないということです。

12

口を慎んで人格を磨こう

口《くち》をして鼻《はな》の如《ごと》くならしめば
身《み》終《お》わるまで敢《あ》えて事無《ことな》し
過言《かごん》一《ひと》たび出《い》ずれば
駟《し》追《つい》舌《した》を返《かえ》さず
白圭《はくけい》の玉《たま》は磨《みが》くべし
悪言《あくげん》の玉《たま》は磨《みが》き難《がた》し

口を鼻のように考えておしゃべりしなければ、一生が終わるまで心配事は起こりません。一度口から出た言葉は四頭立ての馬車で追いかけても取り返すことはできません。誰の心の中にも汚れていない白い玉があります。その玉をピカピカに磨き上げるような振るまいをしましょう。悪口や不平不満ばかりいっている人の玉は、いくら磨いてもなかなか光らないのです。

◉信頼される人になるための言葉の使い方

口を鼻のようにしたら一生が終わるまでとくに問題は起こらない、といっています。「口《くち》をして鼻《はな》の如《ごと》く」するとは、簡単にいえば「しゃべらない」ということでしょう。口を鼻だと思ってしゃべらなければ、「口は災いのもと」になる心配はないから大丈夫だといっているのです。これは確かにそのとおりです。

ただし、まったくしゃべらないわけにはいきません。話をしなければ勉強も仕事もできません。だからこれは「余計なことを話さないように気をつけよう」といっているのでしょう。

次の「過言《かごん》一《ひと》たび出《い》ずれば　駟追舌《しついした》を返《かえ》さず」は『論語』の顔淵篇《がんえんへん》にある「駟《し》も舌《した》に及《およ》ばず」という言葉を念頭に置いているのでしょう。ひとたび口から出てしまった言葉は駟（＝駟。四頭立ての馬車）で追いかけても取り返せない。つまり、いいすぎてしまったと思って訂正しようとしても、なかなか難しいといっているのです。

「覆水盆《ふくすいぼん》に返らず」という諺があるように、一度しでかした過ちはもとに戻すことはできません。これは口から出た言葉も同じです。だから、言葉にはくれぐれも気をつけなさいと注意しているのです。

その次に出てくる「白圭《はくけい》の玉《たま》」とは白い珠のこと。『論語』の先進篇《せんしんへん》に「白圭の詩」というものが出てきます。これは『詩経』という古い書物に出てくる詩で「言葉を慎んで徳を修める」例として使われています。そこから「白圭の玉は磨く」という言い方が「人格を磨く」という意味で使われるようになりました。

一方、「悪言《あくげん》の玉《たま》」は、悪口や不平不満を口にすることです。悪口や不平不満ばかりいっている人は人格を磨きにくいものだ、というわけです。だから、まず自分の使っている言葉に気をつけることが一番大事で、それが人間的に成長していく基礎になると教えているのです。

インターネット上で人の悪口を書いたりすると、それがあっという間に広がっていきます。それが嘘だったりすると、訴えられて裁判になるケースもあります。今はそういう時代ですので、余計に口を慎むという姿勢が大切になります。不確かな情報や噂話を信じて、それを広めたり膨《ふく》らませたりしないことです。

楽しく語らうことのできる人はどんどん友達が増えていきますが、余計な発言をする人はだんだん友達が減っていきます。たくさんの友達をつくるために、自分の中に汚れのない白い玉があるとイメージしてみてください。その玉をいっそうきれいに磨き上げるためにはどういう行動をとればいいのか考えてみましょう。それがみんなから信頼される人間になる秘訣《ひけつ》です。

13

いい運を招く方法を身につけよう

禍福《かふく》は門《もん》無《な》し
唯《ただ》人《ひと》の招《まね》く所《ところ》に在《あ》り
天《てん》の作《つく》る災《さい》は避《さ》くべし
自《みずか》ら作《つく》る災《さい》は逃《のが》れ難《がた》し

禍や福は決まった家に入るわけではありません。すべて人が招いているのです。天災は避けることもできますが、自分でつくった禍からは逃れることができません。

◉よいことも悪いことも自分で招いている

「禍福《かふく》は門無《もんな》し」という言葉は諺《ことわざ》で、中国の古典『春秋左氏伝《しゅんじゅうさしでん》』（『春秋』という歴史書を解説した本）にも出てきます。その意味は、「禍や福は最初から入る場所が決まっているわけではない」ということ。つまり、幸せになるのも不幸になるのも結局は自分次第なのですよ、といっています。あらかじめ誰の家には幸せがやってきて、誰の家には禍がやってくると決まっているわけではなくて、すべて自分の行いが招いたものなのだというのです。

天によってもたらされた災いならば、あらかじめ察知できれば避けることができる、避けられなくても受け止めて生きていくことはできる。しかし、自分でつくってしまった災いからは逃れようとしても逃れられない。

「自業自得《じごうじとく》」という言葉がありますが、自分が災いのもとになっているのですから避けられないのです。

たとえば、勉強不足のままテストに臨んだら悪い点をとってしまった。

この場合、できなかったのは天災ではなくて、自分の勉強不足に原因があります。

運が悪かったわけでも、ついていなかったわけでもありません。原因をつくったのは自分です。避けようにも避けられないとは、こういうことです。

うまくいっている人の話を聞くと、成功の裏に大変な失敗があったり、大変な努力をしているとよく聞きます。ＡＫＢ48のプロデュースをしている秋元康さんとお話をしたことがあります。秋元康さんというと、つくった曲はすべて売れると思う人が多いようですが、実は売れていない曲のほうが圧倒的に多いんだとおっしゃっていました。「売れていない歌だからみんな知らないだけですよ」とお話しになっていたのが印象的でした。

だから、どんなに成功している人でもラッキーなばかりではない。勉強をしたり努力や工夫をしたりして、その人自らが幸運を引き寄せているのです。幸運を自分のところに招き入れているのです。

14

人が見ていないところでよいことをしよう

夫《そ》れ積善《せきぜん》の家《いえ》には
必《かなら》ず余慶《よけい》あり
又《また》好悪《こうあく》の処《ところ》には
必《かなら》ず余殃《よおう》あり
人《ひと》にして隠徳《いんとく》あれば
必《かなら》ず陽報《ようほう》あり
人《ひと》にして陰行《いんぎょう》あれば

必《かなら》ず照明《しょうめい》あり

日頃から善行を積み重ねている人の家には、必ず思いがけないよいことがあります。自分の好みで人を憎んでしまう人のところには、必ず思いがけない悪いことが起こります。

隠れたところでよい行いをしていれば、必ずよい知らせがもたらされますし、隠れたところで立派な行いをしていれば、その人の名は必ずみんなの知るところとなります。

◉隠徳や陰行を積むと必ずよいことが起こる

昔から「積善《せきぜん》の家《いえ》には必《かなら》ず余慶《よけい》あり」といいます。「善を積む」という言葉がありますが、いつもよい行いをして善を積み上げている家には、必ず思わぬよいことが起こりますよ、というのです。

それと反対なのが「好悪《こうあく》の処《ところ》には必《かなら》ず余殃《よおう》あり」です。「好悪の処」とは、自分の好みで何かを憎んでしまうような人のところ。そういう人には必ず思わぬ災いが襲ってきますよ、といっています。「余殃」は「余慶」の反対の言葉で、人を憎めばそれが災いとなって自分のところに返ってくるといっているわけです。

たとえば、好き嫌いがとてもはっきりしている人がいるとします。いつも自分の感情で「あの人、嫌い」と口に出してしまう。そういう人は、「嫌い」といった言葉が巡り巡ってよくない形で自分のもとに返ってきてしまうのです。「あの人は好き勝手をいいすぎる」という悪評が立って、逆に仲間外れにされてしまうかもしれません。だから、口を慎んで、なんでも見境なく口にしないことが大事なのです。

次の「人《ひと》にして隠徳《いんとく》あれば」の「隠徳」は、人の見ていないところでよいことをする。そのように隠れてよいことをして徳を積んでいる人には、必ず目に見えるよい知らせがある、といっています。

これについて思い出す出来事があります。私が小学校の頃の話です。朝、学校に行くと、いつも窓が開けられていて空気が入れ替えられ、黒板がきれいに拭《ふ》いてありました。誰がやっているのだろうと思っていたら、一人のクラスメイトが早く登校してやってくれていたのです。あるとき先生が「何々さんは誰にもいわず、誰にも知られずに、毎朝こんなことをやっています」と話したのを聞いて、はじめてそれがわかりました。みんなでその子に「すごい、すごい」といいました。

世の中には、人に見えるところでだけいいことをして評価を高めて、陰では何もしないという人もいます。それに比べると、人の見ていないところでいいことをする人は、報われないような感じもします。しかし実は、そんな隠徳を積んでいる人の姿を見ている人が必ずいるのです。そして、「あの人はいつも一所懸命やっているんだよ」と周りに知らせてくれるのです。誰も見ていなくても、自分の心がすっきりします。

だから、誰かが見ているとか見ていないとか関係なく、善行を積むことが大事です。倒れている自転車を起こすとか、電車の中で転がっている缶を拾って自分が降りる駅のゴミ箱に捨てるとか、そういう小さなことでかまいません。それを習慣にしていくと、自分の気分もよくなっていきます。

ゴミが落ちているのを見て拾おうかどうしようかと迷ったことがあると思います。

迷ったときには、いいと思うことをやってみてください。そうすれば必ず自分にいいことが返ってきます。「人《ひと》にして隠徳《いんとく》あれば必《かなら》ず陽報《ようほう》あり」という言葉はそれを教えています。

さらに「人《ひと》にして陰行《いんぎょう》あれば必《かなら》ず照明《しょうめい》あり」。「陰行」は「隠徳」と同じで、陰でよい行いをすること。そうすると名前がはっきり照らされるようなことがある。つまり、あなたの名が上がりますよ、というのです。

陰行によって名を上げた人はたくさんいます。マザー・テレサもそうでしょう。インドのカルカッタで、貧しい人たちのために何かできないかと考えたマザー・テレサは、スラム街で奉仕活動をはじめました。けっして目立とうとしたわけではないのに、いつの間にか名が上がって、ノーベル平和賞を受賞しました。

わざわざ隠れて善行を積む必要はないのですが、よいことは隠れてやっていても、やがて世間に知られていくのです。

15

心を強くしたいのなら信じるものを持ちなさい

信力《しんりき》堅固《けんご》の門《かど》には
災禍《さいか》の雲《くも》起《お》こること無《な》し
念力《ねんりき》強盛《きょうせい》の家《いえ》には
福祐《ふくゆう》の月光《つきひかり》を増《ま》す
心《こころ》の同《おな》じならざるは面《おもて》の如《ごと》し
譬《たと》えば水《みず》の器《うつわ》に随《したが》うが如《ごと》し

信仰の力がしっかりしている家には、災禍が起こる不安はありません。正しい教えを強く信じて願っている家には、幸福の光が一段と大きくなります。心がフラフラしているのは、表情がクルクル変わるようなものです。それは水が器の形に随って形を変えるようなもので、なかなか定まりません。

◉感謝の気持ちを持って生きる

信仰の力がしっかりしている家には災禍が起こることはないといっています。ここでいう信仰とは、仏教でもキリスト教でもかまいません。あるいは、特定の宗教ではなく、正しい教えと考えてもいいでしょう。常に正しい教えを堅く信じている人には災いは起こりにくい、といっているわけです。

これは、何かを信じることの大切さを教える言葉です。災いが入道雲のように次々と襲ってきたら恐いでしょう。そういう災いを避けるためには、何か心に信じるものを持つことが大事ですよ、といっているわけです。

続いて「念力強盛《ねんりききょうせい》の家《いえ》には　福祐《ふくゆう》の月光《つきひかり》を増《ま》す」とあります。これは前と同じ内容を違う言い方でいっています。正しい教えを強く信じて願っている家は幸福の月に照らされる、というのです。

たとえば、自分がよいと思う言葉をノートに書きつけて振り返ってみる。たとえば、「〝口は災いのもと〟というのは本当だな」と思ったら、それを書いておいて余計な話はしないように気をつけようと心に誓うのです。あるいは、仏様を信じていて「今日もありがとうございます。仏様のお陰で安心して過ごせています」という感謝の気持ちをいつも持つようにする。そういう信じるものがある人には、いいことが起きるのです。

だから信仰の力とは、「感謝の気持ちを持つこと」といいかえてもよいでしょう。何事にも「ありがとうございます」と手を合わせる気持ちを持とうということです。

◉心を落ち着かせないと生き方が定まらない

次に「心《こころ》の同《おな》じならざるは面《おもて》の如《ごと》し　譬《たと》えば水《みず》の器《うつわ》に随《したが》うが如《ごと》し」とあります。水は容器にしたがって形を変えます。それと同じように、心というものは「面」、つまり自分の顔の表情がクルクル変わるように一定しないといっているのです。すぐに心変わりしてしまうわけですね。

心がフラフラしているのは、水が器にしたがって形を変えるようなものでいつまでも落ち着きません。だから、しっかり信じるものを持たないと、いつまでも自分の生き方が定まりませんよ、と教えているのです。

16
失敗したら「成功に一歩近づいた」と考えよう

他人《たにん》の弓《ゆみ》を挽《ひ》かざれ
他人《たにん》の馬《うま》に騎《の》らざれ
前車《ぜんしゃ》の覆《くつがえ》るを見《み》て
後車《ごしゃ》の誡《いましめ》とす
前事《ぜんじ》の忘《わす》れざるを
後事《ごじ》の師《し》とす

他人の弓を引いてはいけませんし、他人の馬に乗るのもいけません。前を走る車がひっくり返るのを見たら、後ろを走る車は気をつけなくてはいけません。前に失敗したことを忘れずに、後日に生かすようにしましょう。

◉失敗は生かさなくては意味がない

最初に「他人の弓を引いてはいけません、他人の馬に乗ってはいけません」とあります。これは「他人の弓や馬を使って失敗しないように、自分の責任は自分でとるようにしなさい」という教えです。

たとえば、自分がよくわからないことを他の人はこうやっているからといって、そのまま真似《まね》をする人がいます。これを「人の尻馬に乗る」とか「他人のふんどしで相撲《すもう》を取る」といいます。どちらも自分で責任を取れないことをやるのはよくないと注意する言葉です。他人の弓や馬を使うなというのも同じことでしょう。

その次の前車と後車の話は「失敗を教訓にしなさい」という教えになっています。前の車がひっくり返るのを見たら、後ろの車は「この道は危ないぞ」と警戒しなくてはいけません。前の失敗を忘れないで、それを先生として後日に生かしなさいというのです。

アメリカの発明王エジソンに「失敗は成功の母」という有名な言葉があります。彼は電球のフィラメントの開発をするときに何度も失敗を繰り返しました。でも、彼はそれは失敗ではないと考えました。

「一度失敗するごとに、一歩前に進んだのだ」と考えたのです。失敗をすればそのやり方はだめだとわかるから、次は違うやり方を試せばいいというわけです。

そのように考えれば、確かに失敗するだけ成功に近づいていることになります。このエジソンの「前の失敗を踏まえて次に進む」という考え方は、失敗を無駄にしないで失敗から学ぼうといっているのです。

何度も同じ失敗を繰り返すとか、あるいは他人の夢に乗っかるというのは、自分自身で責任を取る姿勢とはいえません。別の言い方をすれば、準備が足りない、本気度が薄いということになるでしょう。それでは何事もうまくいきません。

私は学生時代にテニスをしていました。ある日の試合で、ラケットに張ったガットが急に切れてしまいました。予備を持っていなかったので、他人のラケットを借りて試合に臨んだのですが、うまく扱えなくて負けてしまいました。そのときは悔しくてたまらなかったのですが、よく考えてみれば、自分が先を見て準備をしていなかったのがよくなかったのだと気づきました。

失敗を見越して考えたり、他人の失敗を自分の教訓にするのは大切なことです。

たとえば、大学の授業で何人かを指名して前に出て話をしてもらうことがあります。すると、話している途中に「えーっと、えーっと」と何度も繰り返す人がいます。本人はうまく話しているつもりなのですが、聞いている側からすると「えーっと」が気になって仕方ありません。

そこで注意をしてあげるのですが、その様子を見ていた次の人が同じように「えーっと」と何度もいってしまうのです。これは失敗に学んでいないのです。自分は何を話そうかと考えていて、前の人が注意を受けるのを聞いていなかったのかもしれません。もし聞いていたのなら、自分は気をつけようと思わなくてはいけません。

そうやって意識するだけでも、話し方はずいぶん変わってくるものです。

自分が失敗する前に、他人の失敗を見て自分の行動を見直していく。これが「人の振り見て我が振り直せ」ということです。ここに気をつけると、だんだん失敗しなくなります。

17

自分の名を残すような生き方をめざそう

善《ぜん》立《た》って名《な》を流《なが》す
寵《ちょう》極《きわ》まって禍《わざわい》多《おお》し
人《ひと》は死《し》して名《な》を留《とど》む
虎《とら》は死《し》して皮《かわ》を留《とど》む

善行によって立った評判は子々孫々まで伝わっていきます。
かわいがられるのはいいのですが、過ぎるとたくさんの禍がふりかかります。
人は死んだら名前を残し、虎は死んだら皮を残して、その存在感を示すものです。

◉かわいがりすぎると禍が起こる

一国の君主や王様にかわいがられることを「寵愛《ちょうあい》」といいます。昔、王様から寵愛を受けた女の人が原因になって、国が滅んでしまうことがありました。

唐の時代の中国に楊貴妃《ようきひ》という美女がいました。あまりの美しさに時の玄宗《げんそう》皇帝が心を奪われてしまって、楊貴妃の一族を政治の要職に用いるようになりました。その結果、政治がおかしくなってしまったのです。これを「傾城《けいせい》」といいます。文字通り、城が傾いてしまったわけです。

これに似たことは会社でも起こります。自分に都合のいいことばかりいう人を社長が気に入って引き立てる。そういう人は社長の間違いは何も指摘しません。すべて「はい、はい」としたがうので「イエスマン」と呼ばれます。そういう人がそばにいると、社長は自分が正しいと勘違いしてしまいます。その結果、会社が傾いてしまうことがあるのです。

このように、人をかわいがるのも行き過ぎると禍が起きます。自分に都合のいいことばかりをいう人が正しいわけではなくて、ちゃんと物事を見て、耳の痛い意見でもはっきりいってくれる人を大切にしなくてはいけないのです。

どうせ名が残るのなら、悪名ではなくて、「善立《ぜんた》って名《な》を流《なが》す」のように、徳の高さに評判が立ち、末代まで名が伝わるようにしたいものです。

◉日本の基礎を築いた人たちの精神

次も名についての話です。「人間は死んだら名を残し、虎は死んだら皮を残す」といっていますね。立派な虎の敷物を見たことのある人もいるかもしれません。虎は皮を残すことで生きていたときの存在感を残しているのです。それと同じように、死んだ後に名を残す人がいます。「あの人は立派な人だったなぁ」と死んだ後も語り継がれる、そんな名誉を大切にしなさいということです。

とくに昔の日本人は、『平家物語』などを読むとわかるように、戦に臨んで「やあやあ我こそは……」と、まず名乗りを上げました。その戦でたとえ死んだとしても自分の名が残ることを誇りにしていたのです。

フランスには文豪ヴィクトル・ユーゴーの名をつけた通りがありますが、このような例は世界中にたくさんあります。

自分の名を留めようという意気ごみで仕事や勉強に取り組むと、大きな志が抱けます。どれだけお金がもらえるかのみを考えるのではなくて、どうすれば名を残すことができるかと考えると、お金にはかえられないやりがいが生まれてきます。名が語り継がれれば、子孫たちはそれを誇りとして生きていくことができます。

幕末や明治のはじめ頃は自分の命を惜しまない人たちがたくさんいました。命よりも名を惜しむ、名が残ることを大事にしたのです。それは名誉を大切にする日本の武士道の精神でもありました。そうした武士道精神を持った人たちが、今日の日本の基礎を築いたのです。

子どもたちにはぜひ大きな志を抱いて、後世に名を残すような生き方をめざしてほしいと思います。そして、未来の素晴らしい日本をつくる人になってください。

第三章　世の中のルールを知る

18

上に立つ人の態度はどうあるべきか

国土《こくど》を治《おさ》むる賢王《けんおう》は
鰥寡《かんか》を侮《あなど》ること勿《なか》れ
君子《くんし》は人《ひと》を誉《ほ》めず
則《すなわ》ち民《たみ》に怨《あだ》となる

一国を治める賢王は妻を失ったことを歎いている暇などありません。
立派な人はめったに人を誉めません。
下手に誉めるとそれが怨みを買うことがあるからです。

◉自分の都合は人前でいわないほうがいい

「鰥寡《かんか》」というのは、妻を失った男（あるいは夫を失った女）という意味。国を治める賢い王様は、自分の妻を失ってしまったことをずっと悔いたりはしない、といっています。

国全体を治めなければならない立場にいる王様は、大きな問題を考えなければなりません。だから、愛する奥さんが死んでしまったからといって、悲しんで「もう何も考えられない」などといっている場合ではない。私的な問題で気持ちが揺れ動いていると、国が落ち着かなくなってしまいます。個人の感情よりも国の問題を優先して考えなくてはいけない、といっているのです。この王様は、今でいえば政治家とか会社の経営者などと置きかえて考えるとわかりやすいかもしれません。

私たちがよく見聞きするのは、プロスポーツの選手が自分の家に不幸があったときでも試合を休まなかったという話です。そして、悲しみをこらえて試合で活躍して、ヒーローインタビューを受けたときに「亡くなった父親に報告したい」といって涙を流す場面をしばしば目にします。彼らは個人的な事情よりチームやファンのために戦うことを優先しているのです。

私の場合ならば、風邪を引いて調子が悪いとしても大学の授業は常に上機嫌でやるようにしています。それが私の務めです。実際、私は大学に勤めてから風邪を理由に授業を休んだことは一度もありません。休講にしてもいいのですが、私の授業だけを受けに学校に来ている学生がいるかもしれないと思うと、申し訳ないと思ってしまうのです。

そう考えると、この言葉は自分の都合――今日は調子が悪いとか、昨日は寝不足だとか――をあまりいわないほうがいいという教えになっているともいえます。

◉誉めることにもよしあしがある

次に「君子《くんし》は人《ひと》を誉《ほ》めず　則《すなわ》ち民《たみ》に怨《あだ》となる」とあります。君子とは優れた人物、あるいは上に立つ人物と考えてもいいでしょう。そういう偉い人は他人を簡単には誉めない。なぜならば、誉めたことがかえって怨みとなることがあるからだというのです。誉めたために怨みを引き起こすとはどういうことでしょうか？

たとえば、こういうケースが考えられます。ある人を誉めたとします。そうしたら、「なぜあの人だけを誉めるんだ」と文句をいう人が出てくる。「依怙贔屓《えこひいき》をしている」といって怨みに思う人が出てくるのです。それは誉めたことがかえってよくない結果を生んだということになるでしょう。

また、「あなたはよくやっているね」と誉められた人が、気が緩んでしまって怠けてしまう場合もあるかもしれません。

少し前の日本の、とくに職人さんの世界などでは、多少よくやったというぐらいでは簡単に誉めませんでした。たとえば相撲の世界で、今の貴乃花親方がまだ横綱になる前に当時の大横綱千代の富士を破ったことがありました。そのとき貴乃花さんのお父さんの先代貴ノ花がはじめて「この大舞台でこういう相撲を取れるのは立派なものだ」といって誉めたのです。「入門以来、笑顔一つ見せずに厳しく指導してきた父親がそのときはじめて誉めてくれた。それがものすごく印象に残っている」と貴乃花さんはいっていました。

最近は、誉めて伸ばすという指導方法もすすめられるようになっています。「私は誉められて伸びるタイプです」と自らいう人も出てきました。そういう点では、時代が変わったと思います。

しかし、自分が誉められないと他の人に嫉妬《しっと》する人や、誉められて気を抜く人もいるでしょうから、上に立つ立場の人としては、とにかく誉めればいいというものでもない、というのもそのとおりでしょう。

その人にはなんの得にもならないのに、助言や注意をしてくれる人には感謝すべきです。「良薬口に苦し」です。

19
よその国に行ったらその国の決まりを守ろう

境《きょう》に入《い》っては禁《いましめ》を問《と》い
国《くに》に入《い》っては国《くに》を問《と》い
郷《ごう》に入《い》っては郷《ごう》に随《したが》い
俗《ぞく》に入《い》っては俗《ぞく》に随《したが》い

自分の住む場所と異なる地域に行ったら、そこの禁止事項を聞いておきなさい。

他の国に行ったら、その国の決まりを聞きなさい。

ある村に行ったらその村のルールに随い、ある場所に行ったらその場所のルールに随いなさい。

◉土地ごとに違ったルールがある

「境《きょう》」とは、ある一つの地域を指しています。「その地域に入ったときは、その土地で禁じられていることは何かを聞きなさい」といっています。要するに、その土地のルールを聞いて、間違ったことをしないようにしなさいというわけです。

また、ある国に入ったら、その国のルールを問いなさい。これも同じで、その国でやってはいけないことを聞きなさいということですね。

「郷に入っては郷に従え」という諺は、みなさんも聞いたことがあるでしょう。「郷《ごう》」とは村のような狭い場所ですが、そこに入ったらその村のルールにしたがいなさいといっているのです。

次の「俗《ぞく》」とは俗世間のこと。世の中のある決まった場所では、そこのルールにしたがって振るまいなさいという意味です。

私の体験ですが、サモアという南の島に行ったとき、地元の人がお酒を飲むと踊り出したので、一緒に踊ったことがあります。それがその場のルールなのだろうと思ったからです。

また、海外に遊びに行ったときに仲良くなった人の家でカレーをご馳走になったことがあります。「手で食べろ」といわれたので両手を使って食べていたら、「左手は使うな」といわれました。彼はイスラム教徒で、イスラム教では「右手だけで食べることになっている」というのです。

私は、つい両手を使ってしまいそうになるのを我慢して、右手だけで食べました。客として招かれたのですが、イスラムにはイスラムのルールがあります。その場のルールにはしたがうのが礼儀です。

冒険家の植村直己《うえむらなおみ》さんが北極に行ったときの話ですが、血の滴《したた》る新しい生肉を食べないと土地の人と仲間になれないといわれて食べたそうです。最初はとても食べられなくて苦しかったといいます。しかし、それが土地のルールだからと無理して食べ、現地の人と心が通うようになったということでした。

外国に行って、やっていいこと、やってはいけないことを知っておくのはとても重要です。とくに、やってはいけないことを聞いておくと大変ためになります。

◉外国に行けばその国のルールにしたがうのが当たり前

帰国子女という、子どもの頃に外国で過ごして日本に帰って来た人たちが苦労するのは、日本の中でやってはいけないことがわからなくて、外国にいたときと同様に振るまってしまうからです。

たとえば、はっきり自己主張をするのはアメリカでは普通ですが、多くの日本人は自己主張しすぎるのはよくないと考えていて、それが暗黙のルールになっています。それがわからないまま自己主張を続けた結果、クラスで居ごこちが悪くなってしまったというケースもあります。

本人は「どうして思っていることを口に出してはいけないのか」と思うはずです。それは正論なのですが、全体の和を重んじる日本のルールにはそぐわないところもあるわけです。

この頃、「空気を読め」という言い方がよく使われます。「空気」というのは、別の言い方でいうと「隠れたルール」です。たとえば、「はっきり人にダメ出しをしてはいけない」というのも隠れたルールの一つでしょう。

あるいは、伝統的な決まり事に対して「こんなことは時代に合わないから止めにしよう」と主張する人がいます。しかし、たとえそれが合理的な主張であっても、日本人なら守らなければいけない、批判してはいけないという決まり事もあります。

そう考えると、「アメリカではオーケーなのに、なぜ日本ではダメなのか」という主張はやはりおかしいと思うのです。

国ごとにそれぞれのルールがあります。だから日本という国に戻ってきたのであれば、帰国子女の人たちも日本のルールを理解して、協調性を持たなくてはうまくやっていけません。

「アメリカのほうが日本より進んでいるじゃないか」という意見もあるかもしれません。しかし、これはどこの文明が発達しているといった問題ではありません。私たちはどこの国に行っても、相手の国のルールにしたがうのが当たり前です。だから、よその国に行って「この国はダメだ」というのはおかしいと私は思っています。それぞれ特徴があっていいじゃないかと思うのです。

20

先祖を忘れずに敬おう

門《もん》に入《い》っては先《ま》ず諱《いみな》を問《と》え
主人《しゅじん》を敬《うやま》うが為《ため》なり
君所《くんしょ》に私《わたくし》の諱《いみな》無《な》し
二《ふた》つ無《な》きは尊号《そんごう》なり

他人の家に入ったときには、ご先祖様の呼び名を教わりなさい。
それがその家の主人を敬うということです。
君主には自分の諱はありません。
君主には尊い呼び名がただ一つだけあるのです。

◉ご先祖様の名前をたずねる

まず「門《もん》に入《い》っては先《ま》ず諱《いみな》を問《と》え」とあります。「諱」というのは難しい言葉ですが、「その家で亡くなったご先祖様の呼び名」と考えてください。別の言い方では「贈り名」とか「戒名《かいみょう》」といいます。これは亡くなった人に生前の行いを称《たた》えて贈る名前です。

ここでは、そのようなご先祖様の呼び名を家の人にたずねて学ぶことがその家の主人を敬うことになる、といっています。今ではこういう習慣はほとんど残っていないと思われますが、昔はどの家もご先祖様を非常に大事にしていましたので、その呼び名をたずねる習わしがあったのでしょう。

ただし、君主には私的な諱、自分の諱はない。君主は「尊号《そんごう》」の呼び名ただ一つがあるだけだといっています。

諱は生きていたときとは違う名前ですから、普通、人には生前の呼び名と死後の呼び名の二つの名前があることになります。でも君主の場合は、そういう意味での贈り名はない。なぜならば、諱は亡くなった人を称えて贈るものなので尊い名前なのですが、君主はそもそもの名前が尊いものだから、それ以上の名前は必要ないといっているのです。

これは一つの知識として覚えておけばいいでしょう。しいていえば、ご先祖様を大切にしましょう、と教えている言葉だと理解しておいてください。

21

ひとりよがりにならないように注意しよう

愚者《ぐしゃ》は遠《とお》き慮《おもんぱか》り無《な》し
必《かなら》ず近《ちか》き憂《うれ》い有《あ》るべし
管《くだ》を用《もち》いて天《てん》を窺《うかが》う如《ごと》く
針《はり》を用《もち》いて地《ち》を指《さ》すに似《に》たり

愚かな者は遠い先のことまで深く考えません。だから必ず近い時期に心配事が起きてしまいます。細い管で天を見ても、ほんの狭いところしか見えません。それでは鍼灸の針を地面に刺すようなもので、何の効果もありません。

◉何事も準備をしなくてはうまくいかない

「愚か者は遠い先まで考えない。だから必ず近い時期に心配事が起きてしまう」というのは『論語』の衛霊公篇《えいれいこうへん》にある「遠き慮《おもんぱかり》無ければ必ず近き憂《うれい》有り」という言葉からきています。これは「常に先を見通していることが大事ですよ。そうしないと失敗しますよ」という教えです。

たとえば中学受験をするというときに、「六年生ではここを習うから五年生のときにはこういう準備をしておこう」というように、まず先を見て、そこから逆算して今何をすればいいのかを計画してやると成功の確率が高まります。

これとは反対に、先を見ずに何も計画をしないまま、六年生になってから「受けてみようか」と急に思い立って勉強をはじめても、なかなかうまくいきません。物事を成功させるには準備が大事なのです。

私の知人の弁護士さんに「プリペア、プリペア、プリペア」と、いつも声に出して唱えている人がいます。プリペアとは準備という意味の英語ですが、彼はこの方法をハーバード大学で教わったそうです。弁護士の仕事は準備が大事で、準備を忘れないように何度も自分にいって聞かせているというのです。

私はその方法を借りて、学生たちに「準備が大事だから、『準備、準備、準備』と口ぐせにして唱えるようにしたらいい」と教えたところ、学生から「失敗が少なくなりました」と感謝されました。弁護士も学生も準備の大切さは同じなのです。

◉勝手な判断は間違いのもと

次に「管《くだ》を用《もち》いて天《てん》を窺《うかが》う如《ごと》く　針《はり》を用《もち》いて地《ち》を指《さ》すに似《に》たり」とありますが、これはセットになった諺です。

細い管で天を見ても狭いところしか見えないから、空全体の様子はわかりません。また、鍼灸《しんきゅう》で使う針を身体のつぼに刺すと健康に効果がありますが、地面に刺しても効果はありません。ですから、これは何をやっているのか意味がわからないということの喩《たと》えです。そこから、「自分の狭い考えだけで物事を判断すると誤ってしまう」という教えになっています。

自分が正しいと考えることが、いつも絶対に正しいわけではありません。「絶対にこうだ」と思う人は、自分に見えたところだけをもとにして考えているのです。他の人が見たら違うふうに見えるかもしれないのに、それを指摘しても聞く耳を持たない。その結果、思わぬ失敗をしてしまいます。

私も家を選ぶときに失敗した経験があります。自分で勝手にここがいいと決めて、はじめに支払う頭金を払ったのですが、そのあと不動産にくわしい人に話を聞いたら、「あそこは全然だめだよ」といわれてしまったのです。他の人にも話を聞いてみたのですが、聞けば聞くほどだめだということがわかってきて、私は青くなりました。結局、頭金を諦めて契約を取り消して、別の場所に家を買い直して大事にならなくて済んだのです。

何事も自分一人の考えだけでやると失敗しやすいのです。とくに大切な判断をするときには、ものの わかっている人に話を聞くことが絶対に必要です。友達に聞いても知識がない場合がありますから、くわしい人に聞く。それも、できれば複数の人の意見を聞くほうが間違いは少ないでしょう。

22 罰や厳しさから学ぶことを覚えよう

神明《しんめい》は愚人《ぐにん》を罰《ばっ》す
殺《ころ》すに非《あら》ず懲《こ》らしめんが為《ため》なり
師匠《ししょう》の弟子《でし》を打《う》つは
悪《にく》むに非《あら》ず能《よ》からしめんが為《ため》なり

神様は愚かな人に罰を与えます。その罰は命を奪うといったものではなくて、懲らしめて反省させるために与えるのです。

師匠が弟子を厳しく指導するのは、弟子が憎いからではありません。弟子によくなってほしいと思うから厳しくするのです。

◉罰が与えられるのは反省をさせるため

悪事を働くと「天罰が下る」という言い方をします。確かに、悪いことをすると、ばれないはずだと思っていても、どこからか表面化して逮捕されたり刑務所に入れられることがあります。このような天罰があるのは、その人を懲《こ》らしめて反省させるためなのだというわけです。

自分に何か悪い出来事が起こったときは、天が自分を懲らしめようとしているんだと考えてみてもいいでしょう。すると「ああ、ここを直せといっているんだな」と反省材料が見つかって、「じゃあ、この機会に改めよう」と生き方を変えることもできます。

また、自分のミスではなくても何かよくない出来事が起きたときは、「これを戒めとしよう」と考えると、自分のためになっていきます。それが反省をするという意味だと思います。

後悔しすぎると気持ちが暗くなりますが、後悔ではなく反省をして次に生かせばいいのです。たとえば、試合に負けたといっていつまでも悩んでいると、また次の試合も負けてしまいます。それより、負けは負けで認めて、その原因はどこにあったのかと反省して、練習で問題点を直して次の試合に備えればいいのです。そういうチームは必ず強くなります。

次の「師匠《ししょう》の弟子《でし》を打《う》つ」は、師匠が弟子を厳しく鍛えるという意味にとればいいでしょう。それは弟子を憎んでいるからではなくて、弟子がよくなるようにと願ってそうするのだ、といっています。これは本当です。いい先生とかいいコーチといわれる人は、どこかで「この子がよくなるように」と思って厳しく指導していま す。それを表面だけ見て「厳しいから嫌い」と単純に考えてはいけませんよ、と教えているわけです。

「良薬は口に苦し」といいますが、確かによく効く薬は苦いものなのです。厳しいから嫌い、優しいから好き、と簡単に判断するのではなくて、本当に自分のことを思っていってくれているのかどうかをよく考えてみてください。そうすると、一生尊敬できるいい先生、いいコーチに巡り合えるはずです。

23

大金持ちより「一流の人間」をめざそう

生《う》まれながらにして貴《たっと》き者《もの》は無《な》し
習《なら》い修《じゅ》して智徳《ちとく》と成《な》る
貴《たっと》き者《もの》は必《かなら》ず富《と》まず
富《と》める者《もの》は未《いま》だ必《かなら》ず貴《たっと》からず
富《と》めると雖《いえど》も心多《こころおお》きは欲《よく》
是《これ》を名《な》づけて貧人《ひんにん》とす
貧《まず》しきと雖《いえど》も心欲《こころほっ》せば足《た》れり

是《これ》を名《な》づけて富人《ふじん》とす

生まれたときから立派な人などいません。
誰でもいろいろなことを学び覚えて、智恵や徳が身についていくのです。
貴い人が必ずしもお金持ちとは限りません。
また、お金持ちだからといって必ず貴いとは限りません。
お金持ちでも貪欲な人はむしろ貧しい人といっていいでしょう。
お金があまりなくても心が満ち足りている人は豊かな人といっていいでしょう。

◉お金があるから人間として優れているとは限らない

福沢諭吉が『学問のすすめ』でいっているように、賢人と愚人《ぐじん》の違いは学ぶか学ばないかによって決まってくるのです。だから、生まれた瞬間から貴い人などいないというのは本当です。

また貴い人が必ずしも金持ちとは限らないし、金持ちだからといって必ず貴い人であるとは限らないというのもそのとおりです。人間としての価値とお金とは必ずしもイコールになるわけではないのです。

そう考えれば「大金持ちで富んでいるといっても、欲が多い人というのは、むしろ貧しい人といえる。逆に、お金があまりないとしても、心が満ち足りている人は豊かな人である」という意味もわかってくるでしょう。

ここに掲げた言葉が教えているのは、お金がいくらあっても人格的に優れているわけではないし、お金か人格かと問われれば、人格的に優れた人間になるほうが大切なのだということです。本当に富んだ人とは、人格的に優れている人をいうのだよ、といっているのです。


『童子教』にこういう言葉が載っているということは、昔もやはりお金持ちをうらやむ気持ちがあったという証拠でしょう。それを戒めて、お金を持っているかどうかよりも人として優れているほうが大事なのだよ、と諭《さと》しているわけです。そういう考え方があったからこそ、日本はいい国になったのではないかと私は思います。そういお金が万能で、お金を持っている人が素晴らしく正しいのだと考える人が多ければ、今のような日本には、けっしてなっていなかったでしょう。

日本は少し前まで総中流社会といわれて、国民全員がほどほどいい暮らしをしていました。それはお金のある人がたくさん税金を払い、お金のない人に対してちゃんとお金が回っていたからです。みんなが幸せになろうという気持ちで築き上げてきた国だから、貧富の差も身分の差も少ない、いい国になっていたのです。

その背景には、ここでいうような「人格が大事だ」という考え方を小さな頃から学んできたという理由があるでしょう。それを続けてきたおかげで、貧富の差が少なく、しかも豊かな国になったのだと思います。

しかし、今の日本は人格を大事にする伝統がやや途切れかけているように見えます。お金持ちをうらやましく思うような風潮《ふうちょう》が出てきているようです。お金がたくさん欲しいというのは人間の欲でしょうが、そればかりにならないように注意する必要があります。

私の友達で、もう三十年以上も航空自衛隊の整備士をしている人がいます。彼はそんなにお金持ちではないと思いますが、高校を卒業してから同じ仕事をずっと続けています。この間、訪ねてきてくれて、小学校卒業以来、四十年ぶりに再会したのですが、彼は本当に人格的に優れた人になっていました。一切、手を抜くことなく大変な仕事を続けてきた彼を私は尊敬しています。

勝ち組とか負け組という言葉には惑わされないでください。大切なのはお金持ちになることではなく、人として一流なのかどうかということ。地道に自分の仕事をしっかりしている人や他人に対して優しい人、そういう人のほうが人間としては立派で尊敬もできます。そういう尊敬される人になることをめざしてほしいと思います。

24 師弟ともによくなるのが本当の師弟関係

師《し》の弟子《でし》に訓《おし》えざる
是《これ》を名《な》づけて破戒《はかい》となす
師《し》の弟子《でし》を呵責《かしゃく》する
是《これ》を名《な》づけて持戒《じかい》となす
悪《あ》しき弟子《でし》を蓄《とど》むれば
師弟地獄《していじごく》に堕《お》つ
善《よ》き弟子《でし》を養《やしな》えば

師弟仏果《していぶっか》に至《いた》る
教《おし》えに順《したが》わざる弟子《でし》は
早《はや》く父母《ふぼ》に返《かえ》すべし

先生が弟子をしっかり教えないのは「破戒」というものです。

先生が弟子を厳しく叱って指導するのは「持戒」です。

悪い弟子をつくってしまうと師弟ともども地獄に堕ちてしまいます。

よい弟子を養えば師弟ともに悟りにいたります。

教えにしたがわない弟子は、さっさと父母のところに返してしまったほうがいいでしょう。

◉学ぶ姿勢ができていない子どもには教えなかった寺子屋の先生

先生が弟子をちゃんと教えないのは「破戒《はかい》」というものだといっています。破戒は、仏の教えに背くものというような意味にとるといいでしょう。弟子をしっかり教えるのは先生の義務だといっているわけです。

これに対して、先生が弟子を厳しく叱《しか》って指導することを「持戒《じかい》」といいます。持戒とは仏の大切な教えを守ることです。

次に、悪い弟子をつくると師弟ともに地獄に落ちてしまう、よい弟子を養うと師弟ともに「仏果《ぶっか》」にいたる、といっています。仏果とは仏教の修行によってもたらされる果実のことで、悟りの境地を指しています。よい弟子を育てることは仏教の修行を極めることに等しいといっているわけですね。

そして「教えに順わない弟子は、さっさと父母のところに返しなさい」といっています。これは面白い言い方です。

先生と弟子の間柄では、先生はしっかり弟子を指導しなくてはいけません。厳しく叱るのも弟子を思ってそうするわけです。一方、弟子は先生を尊敬して、その教えにしっかりしたがう。これが当時の大原則だったのです。だから、教えにしたがわない弟子はさっさと家に返してしまえ、といっているわけです。

これは寺子屋で実際にあった話です。当時は江戸時代ですから、今の学級崩壊のような、授業中に席を離れて歩きまわって騒ぐような子はいませんでした。しかし、授業を受けるときの姿勢がよくないというだけで叱られて、それが直らないと家に帰されてしまったのです。

長岡藩で武士の娘として育った杉本鉞子《えつこ》という人の書いた『武士の娘』という本があります。その本の中に、孔子の『論語』を読んで学んでいるときに、小さかった鉞子さんがちょっと姿勢を崩して落ち着きがないのを見て、先生が「今日はもうこれでおしまいにいたしましょう」といって授業を終わりにしたという話が出てきます。それは、「あなたの学ぶ構えができていないようだから、今日は教えることはできませんよ」というメッセージだったのです。

そのあとで鉞子さんは「自分はなんて情けないんだ」と号泣したそうです。学ぶ姿勢が崩れただけでも教えてもらえないほど、昔の先生は厳しかったのです。

寺子屋では、学ぶ姿勢ができていない子どもは机ごと家に返してしまったそうです。机を家から持ってきていたから、机ごと返してしまうのです。すると、両親や親類が集まって先生のところに謝りに行く。今とは全然違います。先生の言葉は常に正しく、先生はとても尊敬されていたのです。そして当時の先生は、学ぶ気持ち、学ぶ構えがない子には教えないという明確な指針を持っていました。

「いい弟子ができると先生と生徒がともに悟りの境地にいたれる」というのは素晴らしい話です。昔は師弟関係がとても大事にされていたことがわかります。

私は今でも小・中・高校の先生と連絡を取り合っていて、たまにお会いします。そうすると、お互いにとても懐かしい気持ちになります。私も先生方の授業の様子をよく覚えていますし、先生方も学生時代の私の様子を覚えてくださっています。「あのときはこうだった」と話し合うのは、私にとってとても楽しい時間です。

その意味では、私を教えてくださった先生たちとは、とてもいい師弟関係を築けたと思っています。今ＴＢＳのアナウンサーをしている安住紳一郎さんは、私が大学で教えた卒業生ですが、彼の活躍を見ていると自分のことのようにうれしくなります。いい師弟関係は、人生を明るくしてくれます。

25

友達とつきあうときに考えてみよう

和《やわ》らかならざる者《もの》を宛《なだ》めんと擬《ぎ》すれば
怨敵《おんてき》と成《な》って害《がい》を加《くわ》う
悪人《あくにん》に順《したが》って避《さ》けざれば
繋《つな》げる犬《いぬ》の柱《はしら》を廻《めぐ》るが如《ごと》し
善人《ぜんにん》に馴《な》れて離《はな》れざれば
大船《たいせん》の海《うみ》に浮《う》かべるが如《ごと》し

相手をなだめようとして口先でいいかげんなことをいうと、かえって怨まれて害を加えてきます。悪い人とのつきあいをやめなければ、紐でつながれた犬が柱の周りをクルクルと回るように悪い人から離れられなくなります。いつもよい人のそばにいるようにすれば、大きな船に乗っているような安心感があります。

◉小手先のごまかしは人間関係を悪くする

最初の「和《やわ》らかならざる者《もの》を宛《なだ》めんと擬《ぎ》すれば」というのは、「仲が悪くなっている者をなだめようとして口先でいいかげんなことをいう」といった意味でしょう。「擬する」は「ごまかす」ですから、表面を取りつくろおうとするということ。

そんな小手先のごまかしをすると、相手はむしろ怨みを持った敵となってこちらに害を加えてくる、というのです。その場を取りつくろってなだめようとしていいかげんな言葉を口にすると、かえって関係が悪くなるというわけです。変な情けをかけるとかえって問題がこじれてしまう、と解釈してもいいかもしれません。

師と弟子の関係も同じです。弟子の悪行を見て見ぬふりをして甘やかしていると、弟子は師匠を見くびって何かを注意したときに反発して逆恨《さかうら》みするかもしれません。

その場だけ取りつくろえばいいという考え方は危険なのです。

次の「悪人《あくにん》に順《したが》って避《さ》けざれば」というのは、悪い人とのつきあいを避けなければ、という意味。もし避けなければ、紐でつながれた犬が柱の周りをクルクルと回るようにその悪人から離れられなくなりますよ、と注意しています。不良とつきあえば、自分は悪い人間じゃなくても巻き込まれてしまうことがあります。また、友達をいじめている人を止めずに傍観《ぼうかん》していれば、最後には自分もいじめに加担するようになってしまいます。これは「朱に交われば赤くなる」という言葉通りです。だから、『童子教』でも、悪い人からは離れなさい、近づかないようにしなさい、と注意しているのです。

逆に、「善人《ぜんにん》に馴《な》れて離《はな》れざれば」とあるように、よい人と親しくなると大きな船が海に浮かんでいるようにゆったりと安定した気持ちでいられます。とくに昔は、小さい船は沈みやすかったのでしょう。「大船に乗った気持ちでいなさい」という言い方がありますが、大きな船は安定しているから乗っていても安心感があります。よい人と一緒にいるのはそれくらい安心できるものなのだ、というわけですね。

26

いい環境に入って成長しよう

善《よ》き友《とも》に随順《ずいじゅん》すれば
麻中《まちゅう》の蓬《よもぎ》の直《なお》きが如《ごと》し
悪《あ》しき友《とも》に親近《しんきん》すれば
藪《やぶ》の中《なか》の荊曲《けいきょく》の如《ごと》し

よい友に交われば、麻の中に生える蓬が茎を真っ直ぐに伸ばすように、自分もまっすぐ伸びていきます。

悪い友に交われば、藪の中の茨のように曲がりくねってしまいます。

◉向上心のある人を友達にすると自分も伸びる

ここも前項と同じような言葉です。よい友に交わると麻の中に生える蓬《よもぎ》のように茎を真っ直ぐに伸ばし、悪い友に交わると藪《やぶ》の中の茨《いばら》のように曲がりくねっていく。つまり、よい人に交わればよい影響を受けてすくすくと伸びるけれど、悪い人に交われば悪い影響を受けてねじ曲がってしまうということです。

友達を選ぶ大切さは昔から指摘されています。いじめが起きるのも、つきあう相手を間違った結果です。仲間をいじめる人は、そもそも友達とはいえません。そういう人とは早く離れて、本当に信頼しあえる友達を見つけたほうがいいでしょう。

そのために、いい中学、いい高校、いい大学をめざして頑張るのもいいでしょう。そういう学校には向上心を持った人がたくさんいます。「こうなりたい」と強く上をめざす気持ちのある集団に入ると、自分も影響を受けて自然とそうなっていくものです。また、目標が同じ人とは仲間になりやすいので、いい友達もできるでしょう。環境によって人のやる気は変わってくるものです。だから、いい環境を選ぶのはとても重要なことなのです。

第四章

智恵のある人になる

27

未来のために今一所懸命に学ぼう

祖《そ》に離《はな》れ疎師《そし》に付《つ》きて
戒定恵《かいじょうえ》の業《ぎょう》を習《なら》え
根性《こんじょう》は愚鈍《ぐどん》なりと雖《いえど》も
自《おの》ずから好《この》めば学位《がくい》に致《いた》る
一日《いちにち》に一字《いちじ》学《まな》びて
三百六十字《さんびゃくろくじゅうじ》
一字千金《いちじせんきん》に当《あ》たる

一点《いってん》他生《たしょう》を助《たす》く
一日《いちにち》師《し》を疎《おろそ》かにせず
況《いわん》や数年《すうねん》の師《し》を乎《や》

自分が住む土地を離れて遠くの師に弟子入りし、大切な三つの事柄（戒・定・恵）を学びなさい。

生まれつきの性質が少し鈍くても、学ぶことを好んで一所懸命勉強すれば、一定の成果が得られます。

一日に一字ずつ学べば、一年で三百六十字を学べます。その一字は千金に値するほど貴重なものです。

文字の点一つもおろそかにしないで覚えれば、今生で役立つだけでなく、来世でも助けられることがあります。

たった一日だけ教わった先生でも大事にしなければいけません。ましてや何年も学んだ先生なら、感謝し尊敬しなければいけません。

◉学ぶことが好きになればいい結果がついてくる

「祖《そ》」は祖先、先祖というところから、自分が生まれ育った土地と解釈していいと思います。そこから「祖《そ》に離《はな》れ疎師《そし》に付《つ》きて」は、自分が住む土地を離れて遠くの師に弟子入りするという意味にとってみました。

「戒定恵《かいじょうえ》」は仏教の修行で身につけるべき大切な三つの事柄。「戒」とは悪を止めること、「定」とは心を落ち着かせること、「恵」とは真実を覚る智恵です。ここは、「遠くにいる先生に弟子入りして、これらの大切な三つの事柄を学びなさい」といっているわけですね。

次の「根性《こんじょう》」は、生まれつきの性質です。生まれつきの性質が少し鈍いように見える人でも、学ぶことを好んで一所懸命やれば、学問で一定の成果が得られます、といっています。頭がそれほどよくなくても、勉強が好きで努力すれば、よい結果がついてきますよ、というのです。

そして、次から勉強の大切さについて説いています。

「一日に一字学べば一年で三百六十字学べる」といい、「一字は千金に当たる」といっています。お金に換算するならば、一字を学ぶのは千金にあたるぐらい大切なものだというのです。昔は読み書きのできない人がたくさんいましたから、文字を身につけるのは大変価値のあることだったのです。

今は読み書きができるのは普通ですが、学問をするとそれがお金にかわるということは統計でも立証されています。たとえばアメリカでは、いい大学、いい大学院に行って就職をすると、最初の年収がいいといわれます。また、グーグルのような有名企業にはエリート中のエリートでないとなかなか入れてもらえません。

今は中国も同じで、大学に行かないといい仕事にはつけないし、いい給料ももらえないので、学生は必死で受験勉強をしています。しかも大学の数が少ないため、合格は狭き門です。熾烈《しれつ》な受験競争に打ち勝つために、受験校では夜中まで勉強するのが当たり前だそうです。それほど厳しい中でも、将来のために勉強したいという意欲が高くて、一所懸命に学んでいます。

それに比べると日本の受験勉強はそこまできつくはありません。どれだけ勉強してもやりすぎることはないと思います。

◉今を大切に生きればそれが役立つときがくる

次に「一点他生を助く《いってんたしょうをたすく》」という言葉が出てきます。ちょっと意味のわかりにくい言葉ですが、「他生」というのは仏教の言葉です。

仏教では、今、生きている生を「今生《こんじょう》」といいます。そして、生まれる前に生きていた世を「前世」、今よりあとに生まれ変わって生きる世を「来世」といいます。前世とか来世というのが他生です。当時から、死んだら生まれ変わると考える輪廻転生《りんねてんせい》という思想が信じられていたのです。

「一点」というのは「文字の点一つ」という意味です。そういう文字の点一つもおろそかにしないで覚える。そうすれば、今生きている世の中で役立つだけではなくて、次に生まれ変わった世でも助けられることがあるといっているのです。

「一日師を疎かにせず《いちにちしをおろそかにせず》」は「一点他生を助く」と対《つい》になっています。たった一日だけ教わった先生であっても大事にしなければいけない。ましてや何年も学んだ先生の場合は、感謝し、尊敬しなければいけませんよ、と教えています。

師を尊敬する大切さは、『童子教』の中に繰り返し出てきます。

28 師弟のきずなを大切にしよう

師《し》は三世《さんぜ》の契《ちぎ》り
祖《そ》は一世《いっせ》の睦《むつみ》
弟子《でし》は七尺《しちしゃく》去《さ》って
師《し》の影《かげ》を踏《ふ》むべからず

師との縁は前世・今生・来世の三世にわたるものです。それに比べれば、生まれた家や土地はこの世だけのつながりです。

先生と歩くときには、弟子は後ろに下がって、先生の影を踏まないように気をつけなければいけません。

◉前世・現世・来世へと続く先生とのつながり

師との縁は三世にわたるといっていますが、三世とは、前世（過去）と今生（現在）と来世（未来）でしょう。つまり、今、先生と出会ったのは前世からの因縁であり、それは来世へと続くというのです。

それぐらい師弟は強いきずなで結びついていると考えられていたのです。それぐらい学ぶということに真剣だったのです。先生もそういう自覚を持って、先生らしく生徒に接していたといえるでしょう。

江戸時代まで遡《さかのぼ》らなくても、私が子どもの頃の小学校の女性の先生は、いつもきちんとした恰好《かっこう》をして、言葉づかいも丁寧で、先生であることに緊張感を持っていました。今でもいい先生はたくさんいますが、かつて日本の先生の多くは、そういう緊張感を持って生徒と接していたものです。

「祖《そ》は一世《いっせ》の睦《むつみ》」の「祖」とは、ふつう「父の父」つまり本人から見て祖父にあたる人をいいます。先ほど「祖に離れ疎師に付きて」という言葉の説明で、祖を自分が生まれ住んでいる場所と解釈しましたが、ここの祖も生まれた場所とか自分の家と考えるほうがしっくりくるかもしれません。つまり、生まれた家や土地はこの世だけのつながりだけれど、先生というのは過去・現在・未来にわたって重要なつながりがあるのだというわけです。

このような考え方の背景には、仏教の考え方があると思われます。仏教では、血縁関係よりも仏門に入ること、要するに仏教の教えを習う学校に入ることを重要視しました。この仏教の考え方は『童子教』が教える「家を離れて遠くの師につく」という感じに近いものではないかと思われます。

そういう仏教の教えの影響があって、家族のことよりも、今、学んでいる学問のほうが大事であるという考えがあったのでしょう。

その次もまた師に対する敬意が大事だという言葉です。

「弟子《でし》は七尺《しちしゃく》去《さ》って師《し》の影《かげ》を踏《ふ》むべからず」とあります。これは「三歩下がって師の影を踏まず」という言葉と同じですが、先生と歩くときは並んで歩くのではなくて七尺（約二メートル）ぐらい離れて、先生の影を踏まないように歩きなさい、と教えています。これは先生への尊敬を態度で示そうとする東洋的な考え方です。

ルネッサンス期のイタリアの画家ラファエロが描いた「アテナイの学堂」という絵があります。その絵を見ると、プラトンとアリストテレスが話しながら並んで歩いています。

プラトンのほうが先生にあたるわけですが、並んで話をすることは古代ギリシャでは普通のものだったことがわかります。先生も弟子も関係なく、みんな対等な立場で議論するというのが西洋の考え方なのです。

それに対して東洋では、先生は特別に偉い、尊敬すべき存在で、弟子は先生の影も踏まないようにするという上下の関係が強かったといえるでしょう。だから、先生には尊敬の念を持ちなさいと繰り返し教えているのです。

29

人格を磨くためにはどうすればいいか？

観音《かんのん》は師孝《しこう》の為《ため》に
宝冠《ほうかん》に弥陀《みだ》を戴《いただ》き
勢至《せいし》は親孝《しんこう》の為《ため》に
頭《こうべ》に父母《ふぼ》の骨《ほね》を戴《いただ》き
宝瓶《ほうびん》に白骨《はくこつ》を納《おさ》む
朝《あした》は早《はや》く起《お》きて手《て》を洗《あら》い
意《こころ》を摂《おさ》めて経巻《きょうかん》を誦《じゅ》せよ

夕《ゆうべ》には遅《おそ》く寝《いね》るとも足《あし》を洒《そそ》ぎ性《せい》を静《しず》めて義理《ぎり》を案《あん》ぜよ

観音菩薩は師への敬意を表すために、冠に阿弥陀像を戴いています。勢至菩薩は親への孝行を忘れないために、頭に父母の骨を戴き、宝の瓶に白骨を納めて大切にしています。

朝は早く起きて、手を洗って身をきれいにし、心を整えてから仏典を声に出して読みなさい。

夜は遅くまで勉強をして、寝るときには足を洗って、体全体の気を落ち着かせて、この世の道理について考えなさい。

◉先生や親には感謝あるのみ

「師孝《しこう》」とは師に対して孝行することですが、これは師の教えに敬意を抱き、大切にすることと考えてもいいでしょう。それを具体的に示すために、生徒は勉強がはじまる前に「よろしくお願いします」と、先生に頭を下げます。

そして、生徒が頭を下げれば、先生もまた「よろしくお願いします」と生徒に頭を下げます。教室の中では先生だけが一方的に偉いわけではないのです。礼は、「これから大切な学問をはじめます。師弟ともにきちんとやりましょう」という挨拶なのです。

「観音《かんのん》は師孝《しこう》の為《ため》に　宝冠《ほうかん》に弥陀《みだ》を戴《いただ》き」とあります。観音菩薩《かんのんぼさつ》（観音様）の冠を見ると、仏像を戴いているものがあります。あの仏像が阿弥陀如来《あみだにょらい》（阿弥陀様）なのでしょう。「弥陀を戴き」とはそれを意味しているようです。この言葉は観音と弥陀の関係を示しています。阿弥陀様が師であり、観音様が弟子という師弟関係です。観音様は、師への敬意を表すために、冠に阿弥陀像を戴いているのです。

そして「勢至菩薩《せいしぼさつ》は親孝《しんこう》の為《ため》に　頭《こうべ》に父母《ふぼ》の骨《ほね》を戴《いただ》き　宝瓶《ほうびん》に白骨《はくこつ》を納《おさ》む」とあります。勢至菩薩も観音菩薩と同様、阿弥陀如来の脇に控えている菩薩ですが、頭に父母の骨を戴き、宝の瓶には白骨を納めて大切にしている。これは父母の骨を大事にして親への孝行を忘れないということでしょう。

つまり、ここでは先生や父母に感謝の気持ちを持つ大切さを教えているのです。

先生や父母に感謝の気持ちを持つことは観音菩薩や勢至菩薩も忘れていませんよ、といっているのでしょう。

◉厳しい訓練が素晴らしい人格を育てる

その次に出てくるのは仏教の作法についての話です。

「朝は早く起きて、手を洗って身をきれいにして、心を整えてから仏典を声に出して読みなさい。夜は遅くまで勉強をして、寝るときには足を洗って、体全体の気を落ち着かせ、この世の道理について考えなさい」とあります。これは仏教の修行をする者の態度をいっているようですが、同時に、学問をする者の態度を示していると考えてもいいでしょう。

「義理《ぎり》」とありますが、これは義理人情の義理ではなくて、世の中の道理という意味にとるほうがいいと思います。また「性」とは生まれ持った本性ですから、「性《せい》を静《しず》めて」とは、生まれ持っている本性を抑制して学問に励みなさい、といっているのでしょう。生まれ持った性質も大事だけれど、それだけではだめで、それをよりよくしていかなくてはいけないというのです。そのために修行が必要なのです。

京都の比叡山延暦寺《ひえいざんえんりゃくじ》で僧になるための学問をする僧侶の方々（学僧）の訓練の様子を聞いたことがあります。朝まだ暗いうちから起きて、お経を唱えて、お堂をまわるのですが、冬は寒くて大変だそうです。比叡山延暦寺は親鸞《しんらん》をはじめ次々と偉い僧を輩出していますが、みんなそういう厳しい修行を積んで自分の道を見つけていくのです。

中学や高校でもスポーツ強豪校などは非常に厳しい練習をします。野球部に入って甲子園まで行った知人がいますが、彼は三年間ずっと補欠でした。公式戦には一回も出ていません。最後は伝令を務めていました。それでも厳しい学校で鍛えられた甲斐《かい》あって、挨拶がしっかりできますし、行動がきびきびしています。そして、とても爽《さわ》やかな人になっています。

そう考えると、厳しいトレーニングを若いうちにしておくと、一生を貫く人格の柱ができるように思います。気力も身につきますし、礼儀も身につきます。その点では、人生のある時期に、厳しい鍛錬や修行を経験するのは価値あることなのです。

30

身につく本の読み方を覚えておこう

習《なら》い読《よ》めど意《こころ》にいれざれば
酔《よ》い寐《ね》て譾《むつごと》を語《かた》るが如《ごと》し
千巻《せんかん》を読《よ》めども復《ふく》さざれば
財無《ざいな》くして町《まち》に臨《のぞ》むが如《ごと》し

習い読んでいるけれど心の中に入っていかないのは、酔っ払って寝ころんでくだらない話をしているのと変わりません。

どれだけたくさんの本を読んでも復習しないのであれば、お金を持たずに町に買い物に行くようなもので、まったく使い物になりません。

◉本当の力を身につけるには復習あるのみ

習って読んでいるのだけれど心の中に入っていかないというのは、要するに字の上っ面だけを読んでいるという意味です。そんな読み方では酔《よ》っ払《ぱら》って寝ころんでくだらないことを語っているのと同じだというのです。

また、どれだけたくさんの本を読んでも復習しないのであれば、それはお金を持たないで町に出かけるようなもので買い物も何もできない。これは、たくさん本を読んでいても、何度も繰り返して読んで身につけなければ本当の役には立ちませんよ、といっているのです。

本を読むときはしっかり心を込めて、自分に引き寄せて読む。そして何度も何度も繰り返して読む。これはとても大切な教訓です。

私は今、楽器を習っていますが、真剣に気持ちを込めて練習しないと、なかなか身につきません。演奏会で弾くつもりになって練習しないと、いつまでもミスがなくならないのです。また、たくさんの曲を習っても、練習を繰り返さないと前に習った曲を忘れてしまいます。

これは算数なども同じです。できなかった問題は放っておかずに、できるようになるまで何度も復習する。それが算数の点を上げるコツです。何度も繰り返すうちに、実力が身についてくるのです。

この「お金がないのに町に行くようなものだ」というのは面白い言い方です。当時も、町はお金を使う場所だったというのがわかりますね。

31
時間を気にせずに勉強してみよう

薄《うす》き衣《ころも》の冬《ふゆ》の夜《よ》も
寒《かん》を忍《しの》びて通夜《つうや》に誦《じゅ》せよ
乏《とぼ》しき食《しょく》の夏《なつ》の日《ひ》も
飢《うえ》を除《のぞ》きて終日《ひねもす》習《なら》え
酒《さけ》に酔《よ》えば心狂乱《こころきょうらん》し
食《しょく》を過《す》ごせば学文《がくもん》に倦《う》む
身《み》を温《あたた》むれば睡眠《すいみん》を増《ま》す

身《み》を安《やす》んずれば懈怠《けたい》起《お》こる

薄い着物で冬の夜を過ごすときも、寒さを我慢して一晩中音読しなさい。
食べ物が乏しい夏の日でも、空腹を忘れて一日中勉強しなさい。
酒に酔えば心は乱れ、食べ過ぎると勉強するのがおっくうになります。
身体が温まれば眠くなるし、横になれば怠け心が起こってきます。

◉好きなことなら寝食を忘れて打ち込める

これは、学問する姿勢を教えている言葉です。暑いとか寒いとかお腹がすいたとか眠いとかいわずに、集中して一所懸命励みなさいといっているのです。

幕末に多くの若者を教育した吉田松陰にこんな話があります。松陰が田んぼの畦《あぜ》道《みち》で叔父の玉木文之進《たまきぶんのしん》から勉強を教わっていたとき、寄ってきた虫を追い払っただけで殴られて崖《がけ》から突き落とされたというのです。

なぜかというと、虫がたかってうるさいというのは「私」の問題にすぎないけれど、学問は自分のためにやるのではなく、「公」のため、世の中のためにやることである。それなのに、松陰は公の勉強よりも私事を優先させた。それが許せないと玉木文之進は怒ったのです。

今、勉強に集中していないからといって生徒を崖から突き落した先生がいたら大事件になるでしょう。でも、かつての日本にはそういう時代もあったのです。

それくらい真剣に学問に取り組んでいた人々がいたことを、知ってほしいと思います。そこからは学べることがたくさんあると思うのです。

「寝食を忘れる」という言葉を前にあげましたが、好きなことをしているときには寝るのもご飯を食べるのも忘れて打ち込めるものです。たとえば好きなゲームをしているときは楽しくて時間の経つのを忘れてしまって、気がついたら「もうこんな時間か」という経験をしたことがあるでしょう。それと同じように、勉強が本当に面白くなると、時間を忘れていくらでも勉強ができるようになります。

私は、自分は勉強が好きじゃないと思っていました。受験勉強をしているときも、「勉強ってめんどうくさいな」と思っていました。ところが、大学へ入って自分の興味のある勉強ができるようになると、本当に面白くなってきて、食べるのも忘れて一日中ずうっと好きな本を読んでいました。気がついたら三冊も四冊も読んでいたということがよくありました。

今でも思いますが、自分の好きな野球とかサッカーとかテニスをしているときは、暑いも寒いも関係ありませんでした。暑いからテニスをしない、寒いからテニスをしないということはないのです。中学生のときは真冬の朝六時から八時までテニスの練習をして、そのあと学校に行きました。朝寝坊だったのに、毎日、冬の朝の六時から練習していたのですから不思議です。これも好きなことならできるという一つの証明だと思います。

本当に好きなことが見つかると、自然とそうなるのです。寒さも暑さも忘れて真剣に打ち込めるものをぜひ見つけてください。

32
その気になれば勉強はどこでもできる

匡衡《きょうこう》は夜学《やがく》の為《ため》　壁《かべ》を鑿《うが》ちて月光《げっこう》を招《まね》く

匡衡は、夜、勉強するために、壁に穴をあけて部屋の中に月の光が入るようにしました。

孫教《そんきょう》は学問《がくもん》の為《ため》　戸《と》を閉《と》じて人《ひと》を通《つう》ぜず

孫教は、勉強をする邪魔にならないように戸を閉めて誰も中に入れませんでした。

蘇秦《そしん》は学文《がくもん》の為《ため》　錐《きり》を股《もも》に刺《さ》して眠《ねむ》らず

蘇秦は、勉強をしていて眠気が襲ってきたら錐を太股に刺して目を覚ましました。

俊敬《しゅんきょう》は学文《がくもん》の為《ため》　縄《なわ》を頸《くび》に懸《か》けて眠《ねむ》らず

俊敬は、勉強をしていて眠らないように首を縄をかけて、眠ってしまったら首が締まるように工夫しました。

車胤《しゃいん》は夜学《やがく》を好《この》んで　蛍《ほたる》を聚《あつ》めて燈《ともしび》とす

車胤は、夜、勉強をするのが好きで、蛍を集めて灯りの代わりにしました。

宣士《せんし》は夜学《やがく》を好《この》んで　雪《ゆき》を積《つ》みて燈《ともしび》とす

宣士は、夜、勉強をするのが好きで、雪を積んで雪明りの下で勉強をしました。

『致知』定期購読お申し込み

フリガナ		性別　男・女	
お名前		生年月日(西暦) 年　月　日	
会社名		役職・部署	
ご住所 (送付先)	〒　－　自宅　会社（どちらかに○をしてください）		
TEL	自宅　会社		
携帯		ご紹介者	
メール			
職種	1.会社役員　2.会社員　3.公務員　4.教職員 5.学生　6.自由業　7.農林漁業　8.自営業 9.主婦　10.その他（　）	弊社記入欄	S

最新号より 毎月　冊	ご購読期間	（　）1年 10,500円(12冊) （　）3年 28,500円(36冊) (税・送料込)

※お申込み受付後約1週間で1冊目をお届けし、翌月からのお届けは毎月7日前後となります。

FAX.03-3796-2109

郵便はがき

料金受取人払郵便

渋谷局承認

8264

差出有効期間
令和7年12月
15日まで
（切手不要）

1 5 0 8 7 9 0

584

東京都渋谷区
神宮前4－24－9

致知出版社

行

『致知』定期購読お申し込み方法

◉電話 **03-3796-2118**
◉FAX **03-3796-2109**
◉ホームページ
https://www.chichi.co.jp
致知 で 検索

お支払方法

●コンビニ・郵便局でご利用いただける専用振込用紙を、本誌に同封または封書にてお送りします。

●ホームページからお申し込みの方は、カード決済をご利用いただけます。

『致知』購読料

●毎月1日発行　B5版　約160～170ページ

1年間（12冊）▶ 10,500円（税・送料込）
（定価13,200円のところ2,700円引）

3年間（36冊）▶ 28,500円（税・送料込）
（定価39,600円のところ11,100円引）

お客様からいただきました個人情報は、商品のお届け、お支払いの確認、弊社の各種ご案内に利用させていただくことがございます。詳しくは弊社HPをご覧ください。

1978年創刊。定期購読者数11万人超

あの著名人も『致知』を読んでいます

鈴木敏文 氏

セブン&アイ・ホールディングス名誉顧問

気がつけば『致知』とは創刊当時からの長いお付き合いとなります。何気ない言葉が珠玉の輝きとなり私の魂を揺さぶり、五臓六腑にしみわたる湧き水がごとく私の心を潤し、日常を満たし、そして人生を豊かにしてくれている『致知』に心より敬意を表します。

栗山英樹 氏

侍ジャパントップチーム前監督

私にとって『致知』は人として生きる上で絶対的に必要なものです。私もこれから学び続けますし、一人でも多くの人が学んでくれたらと思います。それが、日本にとっても大切なことだと考えます。

お客様からの声

私もこんなことで悩んでいてはいけない、もっと頑張ろうといつも背中を押してくれる存在が『致知』なのです。

（40代 女性）


『致知』はまさに言葉の力によって人々の人生を豊かにする月刊誌なのではないでしょうか。

（80代 女性）


最期の時を迎えるまで生涯学び続けようという覚悟も定まりました。

（30代 男性）

人間学を学ぶ月刊誌 致《ち》知《ち》

定期購読のご案内

月刊誌『致《ち》知《ち》』とは?

有名無名・ジャンルを問わず、各界各分野で一道を切り拓いてこられた方々の貴重な体験談を毎号紹介しています。
書店では手に入らないながらも口コミで増え続け、11万人に定期購読されている、日本で唯一の人間学を学ぶ月刊誌です。

致知出版社 お客様係　〒150-0001　東京都渋谷区神宮前4-24-9
TEL 03-3796-2118

休穆《きゅうぼく》は文《ぶん》に意《こころ》を入《い》れて　冠《かんむり》の落《お》つるを知《し》らず

休穆は、読書に没頭するあまり、風が吹いて頭に被っていた冠が落ちるのに気づきませんでした。

高鳳《こうほう》は文《ぶん》に意《こころ》を入《い》れて　麦《むぎ》の流《なが》るるを知《し》らず

高鳳は、読書に没頭するあまり、干していた麦がにわか雨で流されているのに気づきませんでした。

劉完《りゅうかん》は衣《きぬ》を織《お》り乍《なが》ら　口《くち》に書《しょ》を誦《じゅ》して息《やす》まず

劉完は、機織りをしながら書をそらんじていました。

倪寛《げいかん》は耕作《こうさく》し乍《なが》ら　腰《こし》に文《ふみ》を帯《お》びて捨《す》てず

倪寛は、畑を耕しながらも腰に本を挟んで持ち歩いていました。

此等《これら》の人《ひと》は皆《みな》
昼夜学文《ちゅうやがくもん》を好《この》みしに
文操国家《ぶんそうこっか》に満《み》つ
遂《つい》に碩学《せきがく》の位《くらい》に致《いた》る

これらの人たちは昼も夜も一所懸命に勉強をしたため、学問を好む空気が国中に満ちてきました。それによって「碩学」と呼ばれ尊敬されるようになりました。

◉工夫次第で勉強はいくらでもできる

この部分は、昔の中国にいた偉人たちが学問に熱中するあまりしてしまった話を集めています。本当かな？　と思うような話もありますが、本気になるとこんなことをしてしまう人もいるんだという気持ちで読んでみるといいでしょう。

これらの話に共通しているのは、学問はどこでもできるものだ、ということ。米を搗《つ》きながらでも、農作業をしながらでもできるものだと、福沢諭吉も『学問のすすめ』の中でいっています。これは本当でしょう。たとえば本多静六《ほんだせいろく》さんという東大の林学博士は、子どもの頃にお父さんが亡くなって家が借金を抱えたため、米を搗《つ》く仕事をしながら吊るした本で勉強していたそうです。真剣に勉強に取り組む気持ちがあれば、そういう工夫も生まれてくるのです。

ときどきお金がなくて本が買えないと訴える学生がいます。そういう学生に私は、「古本屋さんへ行けば新書なら百円で売っているから、一週間に五冊読んだとしても五百円あればいい。月に二千円あればいいのだから二千円分だけアルバイトをしなさい」とアドバイスしています。

本を読む時間がないという学生もいますが、時間はつくりだすものです。たとえば、ご飯を食べていても本を読もうと思えば読めます（行儀はいいとはいえませんが）。トイレに入っていても本は読めますし、電車の中でももちろん読めます。歩きながら読むのは危ないかもしれませんが、その気になれば、いろいろな時間に本は読めるし、勉強はできるのです。

◉まず本を読むところからはじめよう

私は東京に出てきて三十年以上経ちますが、最近は電車の中ではみんな携帯を取りだして見ています。この間は、一車両見渡して一人も本を読んでいる人がいませんでした。そういう光景を見たのははじめてです。友達とのメールのやり取りや、携帯でゲームをするのが楽しいのはわかりますが、かつての日本人はその時間を使って本を読んだり新聞を読んでいました。今は紙の新聞を読む人が減ってきていますが、電車の中で新聞を読むのが当たり前、本を読むのが当たり前といった風景が見られる国のほうが勢いがあると思うのです。

知人が中国に行ってびっくりしたそうです。書店に座り込んで本を読んでいる人がたくさんいるというのです。本を買うお金がないから書店で座り読みしていたのです。

それと比較して、日本は豊かで本もたくさんあるのに、大学生でも本をあまり読んでいません。私が大学の新入生に「一か月で本を何冊読んでいるの？」と聞いたところ、半分以上の人がゼロ冊と答えました。これではだめだと思ったので、毎週本を読んできてお互いに紹介し合うことにしました。まず一週間に二冊からはじめ、そのうちに五冊に増やして本を読む練習をしてもらいました。

そうして読みはじめたら、今まで本を読んでいなかったことが信じられない、とみんな思うようになっていきました。本の面白さ、勉強の面白さに気づいてくれて、「なんで今までこんなにいい本を読んでいなかったんだろう」と、私が出した課題をとても喜んでくれました。勉強の面白さ、本の面白さがわかると、昼も夜も勉強をしたり本を読んでいたりしたくなるものなのです。

学校の勉強も本当は面白いものです。私は中学や高校の頃、授業が終わった後に数学の問題の解き方を友達と話しあいました。授業が終わった後にも話したくなるというのは、授業が楽しかった証拠です。

国を背負って立つ優れた人物は、若い頃にこうやって勉強していたということを、ここではたくさんの例をあげて示しています。

これは中国の話ですが、日本はその昔、中国を参考に国をつくっていたことがあります。平城京や平安京も中国の都のつくり方を学んでいます。法律も中国の律令制を学びながらつくっていきました。漢字も、中国生まれです。

だから、江戸時代の子どもたちにとって、中国の偉い人はこうやって勉強していましたよという例は、とても説得力があったのでしょう。

今でいうと、エジソンはこう工夫した、アインシュタインはこう考えたというと、説得力が出るでしょう。それと同じで、昔の子どもたちは中国の偉人たちの話を聞いて、自分も真似しようと頑張ったのでしょう。今の日本でも一所懸命勉強している人はたくさんいます。そして、そういう人は必ず本を読んでいます。だから、まず、本を読むところからはじめてみるといいのではないでしょうか。

33
どんなときにも学ぶことを忘れてはいけない

縦《たと》え塞《さい》を磨《みが》き筒《つつ》を振《ふ》るとも
口《くち》には恒《つね》に経《きょう》論《ろん》を誦《じゅ》せよ
又《また》弓《ゆみ》を削《けず》り矢《や》を矧《は》げども
腰《こし》には常《つね》に文《ぶん》書《しょ》を挿《さ》しはさみ

サイコロを筒に入れて振っているときでも、口ではいつも仏の教えを唱えていなさい。

また弓を削って矢をつくって戦いの準備をしているときでも、腰には常に学問の本を挟んでいなさい。

◉戦場でも本を手放さなかった大学生たち

はじめにある「塞《さい》」とはサイコロのこと。そのサイコロを筒に入れてカラカラと振るというのですから、これは双六《すごろく》のようなゲームを指しているのでしょう。そういうゲームをしているときでも、口ではいつも経論を唱えていなさい、といっています。経論とは仏の教えですから、遊んでいるときもそういう立派な教えを口ずさんでいなさいというのです。子どもであれば、遊びながら諺を唱えるような感じでしょうか。それぐらい学問を忘れてはいけないという意味です。

次に「又弓《またゆみ》を削《けず》り矢《や》を矧《は》げども　腰《こし》には常《つね》に文書《ぶんしょ》を挿《さ》しはさみ」とあります。これは武よりも文を重視しなさい、ということ。弓を削って矢を矧ぐとは、戦いの準備をしているのでしょう。そういう場合でも、腰には常に学問の本を挟んでいなさいというのです。戦いに臨むときでも学問を忘れるなというわけです。

第二次世界大戦のときに、学徒出陣といって大学生たちが戦争に兵士として召《しょう》集《しゅう》されました。そのときに、みんな本を持っていったということが、いろいろな資料に書かれています。戦死した学生たちの遺書や手紙が残っていますが、その中の一つに林尹夫《ただお》さんという方の『わがいのち月明に燃ゆ』という本があります。林さんは戦場の兵舎の中で、ものすごい勢いで本を読んでいるのです。そして、その感想を日記に書きつけていきました。それがまとめられて『わがいのち月明に燃ゆ』という本になったのです。

私はその本を学生時代に読んで、こんな思いで勉強をしていた大学生がいたのだと感動しました。旧制高校から大学に進み、戦争で命を失った、その無念さを考えると、自分たちはもっと勉強しなければいけないと思いました。

林さんは英語もフランス語もドイツ語もできました。いつ最前線に駆り出されて命を落としてしまうかわからないのに、兵舎で勉強を続けていたのです。

そんな状況でも学ぶ気持ちを持った人たちがたくさんいました。そういう国だったから、戦争に負けて焼け野原になっても、日本は復興できたのだと思います。

学ぶ気持ちのある国民は元気です。国民が学ぶ気持ちを失ったときから、国は衰えていくのです。

34 学びの力を教えてくれる四人の物語

張儀《ちょうぎ》は新古《しんこ》を誦《じゅ》して
枯木菓《こぼくこのみ》を結《むす》ぶ
亀毫《きもう》は史記《しき》を誦《じゅ》して
古骨《ここつ》に膏《あぶら》を得《え》たり
伯英《はくえい》は九歳《くさい》にして初《はじ》めに
早《はや》く博士《はかせ》の位《くらい》に到《いた》る
宗吏《そうし》は七十《しちじゅう》にして初《はじ》めて

学《がく》を好《この》んで師伝《しでん》に昇《のぼ》る

張儀が新旧の文を朗々と口ずさむと、枯木の林が実を結びました。

亀耄が『史記』の一節を唱えると、死者がよみがえって白骨に脂がのってきました。

伯英は九歳のときから学びはじめると、すぐに学才を発揮して博士となりました。

宗吏は七十歳にして学びはじめると、師から直接学問を伝授されました。

◉学問は力となる

ここからはまたすぐれた人物の伝説が続きます。張儀《ちょうぎ》という人は、非常に弁の立つ人だったようです。ひとたび彼が文章を口にすると、その声音の滑らかな美しさで枯木の林が一斉によみがえって、花が開き、実を結んだというのです。

また亀耄《きもう》という人も博学雄弁で知られた人で、彼が『史記《しき》』の一節を唱えると、その弁舌の見事さに触発されて、死者がよみがえり、白骨に脂肪がのって、ついには汗をしたたらせたという言い伝えがあります。

伯英《はくえい》という人は九歳のときから学びはじめ、師匠が各地で教授するのを文箱を担いでついてまわって勉強しました。すると、すぐに万事に通じる学才を発揮しました。その様子は、曇りのない鏡が万物を明るく照らし出すようだといわれました。彼は七十人の門下生を抱え、その半数は高い位について繁栄したそうです。

この早熟《そうじゅく》な伯英とは反対に、宗吏《そうし》という人は七十歳になって学びはじめましたが、熱心に学んだため、師匠から直接学問の手ほどきを受けました。

ここでは、学問の持つ力について述べています。張儀と亀毫の逸話は、学問に通じていくと奇跡のような出来事を巻き起こすことができることを示しています。実際に枯木に実がなったり、死者がよみがえったわけではないでしょうが、彼らの学問への徹底は、そうした奇跡が起こりえると思えるほど素晴らしかったのでしょう。また、周囲を感化する強い力を持っていたのだろうと思います。

伯英と宗吏の逸話は、学びはじめるのに年齢は関係ないという事例です。熱心に学べば、それだけのことはあるといっているのです。とくに七十歳から先生について学ぶというのは大変なことです。おそらく先生は年下でしょう。それでも学びたいという意欲があれば、先生も熱心に手ほどきしてくれるのです。

35 智恵のある者と愚かな者の違いを知ろう

智者《ちしゃ》は下劣《げれつ》なりと雖《いえど》も
高台《こうだい》の客《かく》に登《のぼ》り
愚者《ぐしゃ》は高位《こうい》なりと雖《いえど》も
奈利《ないり》の底《そこ》に堕《お》つ
智者《ちしゃ》の作《つく》る罪《つみ》は
大《おお》いなれども地獄《じごく》に堕《お》ちず
愚者《ぐしゃ》の作《つく》る罪《つみ》は

小《ちい》さなれど必《かなら》ず地獄《じごく》に堕《お》つ

智恵のある者は、貧しい生まれだったとしても高い位にまで登っていきますが、愚かな者は、高い位の家に生まれたとしても地獄の底まで堕ちてしまいます。智恵のある者がたまたま犯した失敗が大きなものでも地獄に堕ちることはありませんが、愚かな者が犯した失敗はそれが小さなものであっても必ず地獄に堕ちてしまいます。

◉目標設定がしっかりしていれば塾や家庭教師はいらない

学問をして智恵をつけた者は、貧しい生まれだったとしても高い位に登っていく。しかし、愚かな者は、たまたま高い位にいたとしても地獄の底に堕ちてしまう。そういうことがあるというのです。

たとえば親が医者で、たくさんのお金を積んでもらって医学部に入れてもらったものの、あまり勉強しないで医者になり、やがて医療ミスを起こして訴えられてしまったといったイメージでしょうか。

親が高い地位にあって、その七光りで恵まれて偉くなった人というのは一見よさそうな人生に思えますが、努力をしないまま楽をして生きようとすれば、いつかよくない事態が起こる場合もあるということでしょう。

また、社会のあり方として、努力して勉強した人が生まれとは関係なくきちんとした地位につけるようにならなければ、いい社会とはいえないでしょう。

最近よく話題になるのですが、東大生の親の年収を調べたところ、高収入の人が増えているといいます。勉強ができるかできないかにもお金が関係しているというので、マスコミでも取り上げられています。もちろん塾に行ったり家庭教師をつけたりするにはお金がかかります。その点で、親にお金のある人は有利なのかもしれません。しかし、塾に行っても、家庭教師をつけても、それだけでできるようになるわけではないのです。

一番大切なのは、目標設定がしっかりできているかどうかです。高い目標を抱いて自分自身で一所懸命勉強していれば、お金もそれほど必要ないし、塾や家庭教師も必ずしもいらないのです。千円か二千円で買えるしっかりした問題集を繰り返しやればできるようになっていきます。実際に、塾には行かず問題集だけで東大に合格したという友人がいます。彼は本当にできる人でしたから、社会に出た後も、ものすごい勢いで出世していきました。

そういう意味では、世の中はうまくできているなと思います。

◉成功には下調べが欠かせない

次の「智者《ちしゃ》の作《つく》る罪《つみ》は　大《おお》いなれども地獄《じごく》に堕《お》ちず」は、智者がたまたま大きなミスを犯したとしても地獄に堕ちることはないという意味です。しかし、愚かな者が犯した罪は、それが小さなものであっても必ず地獄に堕ちるというのです。これはどういう理由なのでしょうか?

物事がよくわかっている智恵のある人でも失敗をすることはあります。しかし、それはしっかり考えてやった結果ですから、失敗に終わったのは仕方がない。ただし、智恵のある人は失敗をそのままにせず、次回に生かしていくのです。

しかし、愚かな人が知識もなく勝手な判断でやって失敗するのは挽回《ばんかい》のしようがない。地獄に堕ちるような大変な事態になってしまうのです。だから、よくよくいろんな物事を知って智者になりなさいといっているのです。

智者と愚者の違いという点では、知識をバカにして自分の考えだけでやってしまう人は愚者だといえるでしょう。世の中にはたくさんの成功例、失敗例がありますから、その気になれば、前にどういうやり方をして成功した人がいたか、どんなやり方をして失敗した人がいたかを調べることができます。その下調べをしっかりしたうえで進めていくと、成功の確率はずっと高まります。

ハリウッドで『ロッキー』という大ヒット映画をつくったシルベスタ・スタローンは、お金がなくてどんづまりの生活をしていたときに、ハリウッド映画で過去に成功した映画を全部調べたそうです。そして、成功した映画の要素をすべて詰め込んで『ロッキー』をつくったといいます。その大ヒットで、彼の名は世界中で知られるようになったのです。

成功するには、事前の下調べが欠かせません。自分の思い込みで動く人は失敗しやすいのです。

36

智恵ある人はいつも喜びに満ちている

愚者《ぐしゃ》は常《つね》に憂《うれ》いを懐《いだ》く
譬《たと》えば獄中《ごくちゅう》の囚《とらわれびと》の如《ごと》し
智者《ちしゃ》は常《つね》に歓楽《かんらく》す
猶《なお》光音天《こうおんてん》の如《ごと》し

愚かな人は常に何かを心配しています。それは監獄に囚われている人のようです。

智恵ある人は常に楽しんでいます。それは素晴らしく居ごこちのいいところにいるようなものです。

◉三浦知良選手に学ぶ智者の生き方

愚かな人は常に心配事がある。それは刑務所や監獄にいる人のようである、といっています。

それとは反対に、智恵のある人は常に楽しんでいるというわけですね。それは「猶光音天《なおこうおんてん》の如《ごと》し」。光音天というのは仏教の三界の一つ「色界」にある十八天の一つで第六番目の天です。素晴らしく居ごこちのいい心の状態にあるという意味です。つまり、小さな心配事でクヨクヨ悩むのは愚かだといっているのです。もっと前を見て生きなさい、とアドバイスしているのです。

サッカーの三浦知良選手は四十五歳を超えてもまだ現役で頑張っています。三浦選手は、サッカーが自分の一部なのでやめ方がわからないといっています。とにかく前を向いて一歩ずつ成長している、その感じがある限り、自分はサッカーをやめないというのです。

四十歳を過ぎて現役のサッカー選手でいるのは大変です。同年齢の人がほとんどいないわけですから、体調管理も自分で考えながらやるしかありません。

カズ選手の歩みを見ていくと、すべて順調だったわけではありません。最近、日本はワールドカップに続けて出ていますが、カズ選手はワールドカップ出場を目標にしてきたにもかかわらず、一度も本戦には出ていません。予選ではたくさん点を取っているのに、本戦には出られなかったのです。つらかったでしょうし、納得できない気持ちもあったと思います。それでもカズ選手は前を向いて、憂いを持たず、常にサッカーができる喜びに満ち溢れています。「サッカーって面白いんだぞ」というメッセージをプレーの中で伝えています。

その姿を見て育った後輩たち、三浦知良選手に憧れた子どもたちが今、世界に出て活躍しています。イングランドのマンチェスターユナイテッドで活躍している香川真司選手もカズ選手にユニフォームをもらったりサインをもらったことがあるそうですが、それが何よりもうれしくて忘れられない思い出だと話しています。

智者は常に喜びに満ちているとは、まさにカズ選手のような生き方をいうのでしょう。その生き方に私たちも学びたいものです。

第五章　親の恩を大切にする

37

両親への感謝の気持ちを持とう

父《ちち》の恩《おん》は山《やま》より高《たか》し
須弥山《しゅみせん》尚《なお》下《ひく》し
母《はは》の徳《とく》は海《うみ》よりも深《ふか》し
滄溟海《そうめいかい》還《かえ》って浅《あさ》し
白骨《はくこつ》は父《ちち》の淫《いん》
赤肉《しゃくにく》は母《はは》の淫《いん》
赤白《しゃくびゃく》二《に》諦《たい》和《わ》して

五体《ごたい》身分《しんぶん》と成《な》る
胎内《たいない》に処《お》ること十月《とつき》
身心《しんしん》恒《つね》に苦労《くろう》し
胎外《たいげ》に生《う》まれて数年《すうねん》
父母《ふぼ》の養育《よういく》を蒙《こうむ》る
昼《ひる》は父《ちち》の膝《ひざ》に居《い》て
摩頂《まとう》を蒙《こうむ》ること多年《たねん》
夜《よる》は母《はは》の懐《ふところ》に臥《ふ》して
乳味《にゅうみ》を費《ついや》すこと数斛《すうこく》

父の恩は山よりも高く、それに比べれば仙人の住む須弥山すら低く見えます。

母の徳は海よりも深く、どんなに青く広い海でも浅く感じるほどです。

私たちの骨は父の名残りであり、私たちの肉は母の名残りです。私たちの五体は父と母の身体を半分ずつ受け継いでできているのです。

胎児のとき、私たちはお母さんのお腹の中に十か月います。その間、お母さんは身心を削る苦労をしてくれます。

胎外に生まれ出ると、それから数年は父母にお世話をかけて養ってもらいます。

昼はお父さんの膝に乗って頭を撫でてもらうことが何年も続き、夜はお母さんの懐に寝て数百升ものお乳を飲ませてもらいます。

◉お父さん、お母さんに感謝しよう

ここでは父母に対する恩について書いてあります。

最初に「父《ちち》の恩《おん》は山《やま》より高《たか》し　須《しゅ》弥《み》山《せん》尚《なお》下《ひく》し」とあります。「須弥山」とは仙人が住んでいるような高い山です。しかし、父の恩はその須弥山よりもさらに高いというのです。そして母の徳は海よりも深い。海が青く広いといっても母の徳に比べればたいしたことはないといっています。そのように偉大なお父さんお母さんに感謝し、大切にしなさいと教えている言葉です。

次の「白骨《はくこつ》は父《ちち》の淫《いん》　赤肉《しゃくにく》は母《はは》の淫《いん》」というのは、自分の体は父親の骨と母親の血を受け継いでいるというのでしょう。「淫」は、今の言葉でいうとＤＮＡ（遺伝子）を指していると考えるとわかりやすいかもしれません。そのあとに「赤白《しゃくびゃく》二諦和《にたいわ》して　五体身分《ごたいしんふん》と成《な》る」とありますが、私たちの五体は父親のＤＮＡと母親のＤＮＡを半分ずつ受け継いでできています。両親の精髄《せいずい》が合わさって、その名残りとして自分が生きているのです。

胎児はお母さんのお腹の中に十か月います。その間、お母さんは身心ともに苦労をして、胎児である自分を育ててくれる。そして胎外に生まれ出ると、それから数年は父母にお世話をかけて養ってもらわなくてはいけません。

昼はお父さんの膝《ひざ》に乗って頭を撫《な》でてもらうことが何年も続き、夜はお母さんの懐に寝てお乳を飲ませてもらう。「数斛《すうこく》」というのは数百升《しょう》のことですから、一升瓶に数百本分もおっぱいを飲んだといっているわけです。大げさなようですが、実際にそのくらい飲んでいるかもしれません。

お乳というのは大量に出てきますが、赤ちゃんはそれをずっと吸っていますから、昔のお母さんはやかんからどんどん水を飲んでいました。水分補給をしないと脱水症状を起こしてしまうからです。お母さんは自分の身をすり減らして子どもにおっぱいをあげているのです。だから感謝しなくてはいけないということですね。お父さん、お母さんにちゃんと感謝をしていると、人間が明るくいられると思います。

38 「殺生」という教えを身につけよう

朝《あした》には山野《さんや》に交《まじ》わりて
蹄《ひづめ》を殺《ころ》して妻子《さいし》を養《やしな》う
暮《くれ》には紅海《こうかい》に臨《のぞ》みて
鱗《うろくず》を漁《すなど》って身命《しんめい》を資《たす》く
旦暮《たんほ》の命《いのち》を資《たす》けん為《ため》に
日夜《にちや》悪業《あくごう》を造《つく》りて
朝夕《ちょうせき》の味《あじわい》を嗜《たしな》まんとす

多《た》劫《こう》地《じ》獄《ごく》に堕《お》つ

人というのは、朝は山に入って蹄のある動物を殺して妻子を養っています。夕方には大河で魚を獲って食料にして命をつないでいます。毎日の生活のために殺生という悪業をつくって朝夕のごはんをいただいているのです。罪深いわれわれ人間は、地獄に堕ちてもおかしくありません。そのことを決して忘れないようにしなさい。

◉生きるために他の生き物を殺している人間

ここで述べられているのは、人間が生きるために他の生き物を殺していることへの罪の意識です。仏教の「殺生《せっしょう》」という考え方が語られています。

まず朝は山に入って蹄《ひづめ》のある動物、すなわち獣を殺して妻子を養っている。それから夕方には大河に臨んで魚を獲って食料にして生き長らえている。「旦暮《たんぼ》の命《いのち》を資《たす》けん為《ため》に」とあります。「旦暮」というのは「朝夕」ですから、旦暮の命は毎日の生活を意味しています。

「日夜《にちや》悪業《あくごう》を造《つく》りて　朝夕《ちょうせき》の味《あじわい》を嗜《たしな》まんとす　多《た》劫《こう》地《じ》獄《ごく》に堕《お》つ」。人間は毎日の生活のために獣を殺したり魚を獲っています。それは、仏教的に見れば殺生ということになり、悪業をつくっていることになるというのです。

殺生は仏教の十の悪業の一つに数えられています。獣を殺す、魚を殺す、そういうことは元来、菜食主義である仏教徒からすると殺生にあたります。自分が生きるために他のものの命を奪うのは悪業をつくっているのだといっているのでしょう。そういう殺生をして私たちは生きているのだから、本当は地獄に堕ちてもおかしくはない。それを忘れないようにしなさいと戒める言葉だと考えられます。

人間は罪深い生き物であるというのは、文学作品のテーマにもなっています。たとえば菜食主義者であった宮沢賢治に『よだかの星』という作品があります。鷹でもないのに鷹という名がつけられている〝よだか〟は、他の鳥たちに嫌われて、いじわるをされていました。

あるとき、よだかが口を開けて空を飛んでいると甲虫（カブトムシ）が飛び込んできました。それをなんの気なしに飲み込んでしまったとき、よだかは悲しい気持ちになりました。自分は他の鳥たちからいじめのような扱いを受けているけれど、自分もまた弱い生き物を食べて生きているじゃないかと。それに気づいたよだかは、もう虫を食べるのはやめにして死んでしまおう、空の向こうまで飛んでいって星になってしまおうと空高く飛び続け、ついに星になるのです。

この話は、強いものが弱いものを食べて生命を維持する食物連鎖の世界の過酷さを描いています。生き物の世界はそういう殺生によって成り立っているのです。人間はその食物連鎖の頂点に立っています。自分は食べられずに他の生き物を食べ続けています。だからこそ、自分が殺生しているという意識を持つことが大切なのです。それによって食物への感謝の気持ちが生まれ、同時に、余分な殺生をしないようにしようという反省が起こってくるからです。

同じく宮沢賢治の『なめとこ山の熊』という童話も動物を殺して生きる人間のあり方を問う名作です。一番恐いのは反省がないことです。

たとえばフカヒレの問題などもそうでしょう。フカヒレはサメのヒレですが、おいしいので高い値段で取引されます。そのため、フカヒレだけを獲るためにサメがたくさん殺されています。これは痛ましい話です。高価な象牙をとるためにゾウをどんどん殺してしまい、ゾウの数が減ってしまった時期もありました。

『ドードーを知っていますか』という絵本があります。昔、ドードーという鳥がいました。ドードーは食料にするために乱獲されて絶滅してしまいました。人間がドードーを絶滅に追い込んでしまったのです。

人間がいることによって、フカヒレのためにサメが殺され、象牙のために象が殺される。ミンクやキツネなども毛皮をとるために殺されてきました。人間の欲のせいで、何も罪のない動物たちが絶滅に追い込まれそうになったこともあります。あるいは、環境破壊によって絶滅してしまった生物もたくさんいます。

今はワシントン条約というものがあって、絶滅の恐れのある野生動物を保護しようという取り決めになっていますが、それでも絶滅危惧《きぐ》種がものすごく増えています。そういう意味では、この『童子教』でいわれている、自分の楽しみのために他の動物を傷めることはよくないという教えは、今もなお重要です。

39

恩を受けたらいつまでも忘れないようにしよう

恩《おん》を戴《いただ》きて恩《おん》を知《し》らざるは
樹《き》の鳥《とり》の枝《えだ》を枯《か》らすが如《ごと》く
徳《とく》を蒙《こうむ》りて徳《とく》を思《おも》わざるは
野《の》の鹿《しし》の草《くさ》を損《そん》ぜしむるが如《ごと》し

人から恩を受けたのに忘れてしまうとすれば、それは樹にお世話になって生きている鳥がその枝を枯らしてしまうようなものです。

人から真心を込めたもてなしを受けたのに感謝の気持ちを持たないのは、野の草を食べて生きている鹿がその草をだめにしてしまうようなものです。

◉恩を返すのが人間の正しい生き方

人から受けた恩を忘れてはいけないという教えです。
樹の枝がなくなってしまえば、鳥は休む場所を失います。草を踏み荒らしてだめにしてしまえば、鹿は食べるものがなくなります。こういうことを「自分の首を自分で絞める」というのです。恩を忘れることは、まわりまわって自分を苦しい立場に追い込んでしまうことになるのです。

恩を受けたらそれを忘れずに覚えていて、いつか恩返しをする。それが人間としての正しい生き方です。

この話は次の項目に続きます。中国の昔話ですが、恩を忘れた人、恩を大切にした人に何が起こったのか、一緒に読んでいきましょう。

40 恩を忘れた人、恩を大切にした人

西夢《ゆうむ》其《そ》の父《ちち》を打《う》てば　天雷《てんらい》其《そ》の身《み》を裂《さ》く

西夢は父親と争って父を棒で殴って殺してしまいました。するとにわかに雲行きが悪くなり、雷が落ちて西夢の体を引き裂きました。

班婦《はんふ》其《そ》の母《はは》を罵《ののし》れば　霊蛇《れいじゃ》其《そ》の命《いのち》を吸《す》う

班婦が母親をののしったら、蛇の霊が現われて班婦の命を吸いとってしまいました。

郭巨《かくきょ》は母《はは》を養《やしな》わん為《ため》　穴《あな》を掘《ほ》って金《こがね》の釜《かま》を得《う》

郭巨は母の孝養のために穴を掘っていたら、金でできた釜を掘り当てました。

姜詩《きょうし》は自婦《じふ》を去《さ》って　水《みず》を汲《く》むに庭泉《ていせん》を得《う》

姜詩は母のために遠くへ水汲みに出ていましたが、庭から水が湧きだして泉となりました。

孟宗《もうそう》は竹中《ちくちゅう》に哭《なげ》きて　深雪《しんせつ》の中《うち》に筍《たけのこ》を抜《ぬ》く

孟宗が真冬に母のために懸命に筍を探していると、深い雪の中から筍が出てきました。

王祥《おうしょう》歎《なげ》きて氷《こおり》を叩《たた》けば　堅凍《けんとう》の上《うえ》魚《うお》踊《おど》る

王祥が父の好物の魚がとれず歎いて氷をたたくと、魚が氷の上におどり上がってきました。

舜子《しゅんし》は盲父《もうふ》を養《やしな》いて　涕泣《ていきゅう》すれば両眼《りょうがん》開《ひら》く

舜子が失明した父親を見て泣いていると、父親の両眼が開きました。

刑渠《けいきょ》は老母《ろうぼ》を養《やしな》いて　食《しょく》を噛《か》みて齢《よわい》若《わか》く成《な》る

刑渠が年老いた母のために食べ物を噛み砕いて与えていると母親は若返りました。

董永《とうえい》は一身《いっしん》を売《う》りて　孝養《こうよう》の御器《ぎょき》に備《そな》う

董永は自分の身を売って父親の葬儀の費用をつくりだしました。

楊威《ようい》は独《ひと》りの母《はは》を念《おも》いて
虎《とら》の前《まえ》に啼《な》きて害《がい》を免《のが》る

楊威は山で出会った虎の前で「自分が死んでしまったら誰も母を養う者がいない」と泣いて訴えると、虎は黙って立ち去りました。

顔烏《がんう》墓《はか》に土《つち》を負《お》えば　烏鳥《からすき》来たりて運《はこ》び埋《うず》む

顔烏が墓に土を運んでいると、カラスが飛んできて埋葬を手伝ってくれました。

許牧《きょぼく》自《みづか》ら墓《はか》を作《つく》るに　松柏《しょうはく》植《う》わりて墓《はか》と作《な》る

親孝行な許牧が自分で土を運んで親の墓をつくっていると、松と柏の木が自然に生えてきて、立派な墓になりました。

◉親の恩の大きさを伝える中国の孝行者たちの話

これら中国の古代の孝行者たちの話です。それぞれの話には背景となる出来事があります。こんなことが実際にあったとは思えないのですが、昔の子どもたちはこうした話を面白がりながら、親孝行の大切さを学んだのでしょう。参考までに、これらの話の裏にあった出来事をご紹介しておきましょう。

西夢《ゆうむ》は肥沃《ひよく》な田を自分のものにしようとして父親と言い争った。欲が高じて、あるとき父親を棒で殴って殺してしまった。するとにわかに雲行きが悪くなり、雷が落ちて西夢の体を引き裂《さ》いた。

班婦《はんふ》が母親をののしったら、蛇《へび》の霊が現われて、班婦の命を吸いとってしまった。

郭巨《かくきょ》は妻に「我が家は貧しく、育児で母への孝養がおろそかになってはいけないから、子どもを穴に埋めて母の孝養に専念しよう」といい、我が子を埋めるための穴を掘った。すると金でできた釜を掘り当てた。これで子どもを埋める必要がなくなり、妻子を養うことができた。

姜詩《きょうし》の母は遠く離れたところにある川のきれいな水と魚を好んだ。妻が「自分にはとても水汲みができない」というと、姜詩は妻を離縁して自ら母のために水汲みに出た。ところが、ひどい日照りで水が汲めなくなってしまった。それを歎いて泣いていたら、庭から川の水が湧きだして泉となり、魚がおどり出てきた。この話には、妻と二人で孝行を尽くしたというものもあります。

孟宗《もうそう》の母親は筍《たけのこ》が大好きで、筍のおかずがなければご飯を食べなかった。しかし、冬の雪が深く積った時期には筍が手に入らない。母親は「自分はもう年をとって先が長くないのに、どうして親孝行の息子が今朝の食膳に筍を出してくれないのか。これなら死んだほうがましだ」と嘆いた。孟宗はすぐに竹林に向かい、枝を揺すりながら天に向かって泣き悲しんだ。すると思いが通じたのか、雪の中から筍が出てきた。孟宗はそれを掘り起こして母に供すると、母は喜んで食事をした。

王祥《おうしょう》の父親は新鮮な魚がないとご飯を食べなかった。しかし冬になって雪が積もり、氷が川に厚く張るようになると魚は姿を見せなくなった。ついに魚を食卓に並べることができなくなると、父親は王祥に「どうして魚が用意できないのか」と不満そうにいった。王祥は川のほとりまで行って、氷を叩いて涙を流した。涙が枯れて血の涙まで流していたら、思いが天に通じたのか、大きな鯉《こい》が氷の上におどり出た。それを王祥は父親に供した。

舜子《しゅんし》の父は後妻にそそのかされて舜子を井戸に落として殺そうとした。しかし、舜子は事前にそれを察知して、うまく井戸から抜け出して山に逃げた。父親はその報いを受けて失明し、継母は口がきけなくなった。十年後、山から下りて町で物を売っていると、継母が買い物にやってきた。舜子はお金をもらわず品物だけを渡した。それが三度続いたので、継母はおかしいと思い、それを夫に知らせた。「もしかするとそれは息子の舜子ではないか。私を町に連れていってくれ」と夫は妻にいい、一緒に町に出かけた。舜子は父の年老いた姿を見て涙を流した。その孝心が天に通じたのか、父の両眼は開き、継母は口がきけるようになった。

刑渠《けいきょ》は幼い頃に父親を亡くした。その後、独り身の母親が刑渠を一所懸命に育ててくれた。その母が年老いると、今度は刑渠がお世話をした。食事を母親に差しあげるときには、まず自分がそれを噛み砕いて食べやすくしてから母に与えた。病のときには夜も寝ずに看病して、冬は床を温め、朝な夕なに母に尽くした。すると七十歳ぐらいになる母が三十歳ぐらいに見えるほど若返った。

董永《とうえい》は早く母を失い、足の悪かった父への孝養に努めた。ところが父が死んだとき、董永には葬儀のためのお金がなかった。そこで、自分の身をお金持ちに売って、葬儀の費用を工面した。親孝行を天が見ていたのか、天からの美女が董永の身を救った。

楊威《ようい》は少年時代に父を亡くして、母と暮らしていた。山に入って薪をとっているとき、突然、虎と出くわした。楊威は虎の前に跪《ひざまず》いて泣きながらいった。「私には年老いた母がいます。私以外に養う者はありません。ただ私だけを衣食の頼りとしています。もしも私がいなくなれば母は餓死してしまうでしょう」。すると虎は目を閉じて、頭を低くして立ち去って二度と現われなかった。

顔烏《がんう》は幼い頃から親孝行であったが、父が亡くなり、父の墓を自分一人の力でつくろうとして、墓に土を運んでいると、カラスが飛んできて埋葬を手伝ってくれた。

許牧《きょぼく》の親が亡くなると親孝行の許牧は自分で土を運んで墓をつくった。すると、天が孝行を見ていたのか、松と柏が自然に生えてきて、立派なお墓になった。

西夢と班婦の話は、恩知らずの結果、災いが降り注いだという例です。

親孝行のお金を工面するために自分の子どもを殺して節約しようとした郭巨の話、親の好物を食べさせるために無茶をする姜詩・孟宗・王祥の話、親に殺されそうになったのに孝心を貫いた舜子の話はかなり極端です。今の感覚からすると微妙な話もありますが、親孝行を何よりも一番に考えれば、こんなこともできるという例をあげているわけです。

最初にいったように、実際にこういう人たちが存在したのかどうかはわかりませんが、昔の人は、親の恩とはこれほど大きなものなのだということを子どもに教える材料として、これらの話を聞かせたのでしょう。

かつては、親孝行が今よりもずっと重視されていたことがわかります。

41

親孝行の気持ちが力を引き出してくれる

此等《これら》の人《ひと》は皆《みな》
父母《ふぼ》に孝養《こうよう》を致《いた》せば
仏神《ぶっしん》憐愍《れんみん》を垂《た》る
望《のぞ》む所《ところ》悉《ことごと》く成就《じょうじゅ》す

こうした親孝行な人たちはみんな、父母に孝行を尽くしたので、仏や神があわれんで、望みを成就させたのでしょう。

◉親のために頑張るという気持ちが自分自身を育てる

「此等《これら》の人《ひと》」というのは、前項であげてきたような親孝行な人たちです。お父さんお母さんに孝行を尽くした人に、仏や神があわれみをかけて、その結果、望みが達成されたのだろう、といっています。親孝行をすれば、仏や神が味方についてくれて、奇跡のような出来事が起こる場合もあるといっているわけです。

昔はプロ野球の監督の中にも「あの子は親孝行だから入団させよう」という考え方がありました。巨人の監督をしていた川上哲治《てつはる》さんとか、星野仙一《せんいち》監督もいっていました。桑田真澄《ますみ》選手とか立浪和義《たつなみかずよし》選手などは、お母さんのために頑張ろうという気持ちが非常に強かったそうです。お母さんに楽をさせたい、そのために頑張ろうと思うと、すごく力が湧いてきて練習もしっかりするらしいのです。だから、親孝行な選手を入団させるというのは理由のあることだったわけです。

親孝行は親にとって意味があるだけではなくて、親孝行の気持ちを持っている自分にとってもいいことがあるのです。

私は名前に親孝行の「孝」の字をつけられましたが、子どもに孝の字をつけるというのは、親孝行な子どもになりますように、というだけではなくて、ちゃんとした人間になりますように、という願いを込めたのだと思います。

◉親孝行は人生をよいものにする

親孝行をしろと親がいうのはおかしいという意見もありますが、父の日や母の日にちゃんとプレゼントを贈って、「ありがとう」という気持ちを伝えることは大事です。お父さんやお母さんの誕生日や結婚記念日にもプレゼントを贈ったり、「おめでとう」と声をかけるのもいいことです。

私も父と母の結婚記念日が一月にあって、父親の誕生日も近かったので、いつもプレゼントを贈っていました。小学校のときは毎年自分のお小遣いを貯めておいて五千円くらいの品物を買ってプレゼントをしました。昭和四十年ぐらいの五千円ですから、今なら二万円ぐらいになるのではないでしょうか。石でできたブックエンドとか、お酒を入れる小さな樽みたいなものを買いました。そういうやり取りは親子の関係をよくします。親が喜んでくれると、こちらもうれしいのです。

身近なお世話になった人に感謝を伝え、贈り物をするという気配りの気持ちは世の中によい影響を与えます。その気持ちが勉強や仕事のエネルギーになっていきますし、結果として、いい社会をつくる力にもなるのです。

家がお金持ちかどうかは、親孝行の気持ちとはあまり関係がありません。「お金が足りない中で一所懸命に育ててくれて、ありがとう」と結婚式のときに心から両親に感謝をする人もいますし、大学に行かせてもらったことに感謝をする人もいます。

反対に、お金がたくさんあって当たり前のように大学に行かせてもらった人の中には、親に感謝一つしないし、いくら使っても天からお金が降ってくるように勘違いしているような人もいます。親に感謝の気持ちを持っている人のほうが、幸福感が大きいと思います。

第六章　心を安らかに運命を高める

42

一日一日を大切に生きてみよう

生死《しょうし》の命《いのち》は無常《むじょう》なり
早《はや》く欣《ねが》うべきは涅槃《ねはん》なり
煩悩《ぼんのう》の身《み》は不浄《ふじょう》なり
速《すみ》やかに求《もと》むべきは菩提《ぼだい》なり
厭《いと》うても厭《いと》うべきは娑婆《しゃば》なり
会者定離《えしゃじょうり》の苦《く》
恐《おそ》れても恐《おそ》るべきは六道《ろくどう》なり

生者必滅《しょうじゃひつめつ》の悲《かな》しみ

生き死にする命というものは移り変わるもので定まるものではありません。だから、早く悟りの境地にいたれるように願うべきです。いろいろな欲がある人間の身は清らかではないから、すぐにでも智慧を身につけるべきです。

最も遠ざけるべきものは欲望渦巻くこの世です。この世には、会った者は必ず別れなければいけない苦しみがあります。

最も恐れるべきものは地獄・飢鬼・畜生・修羅・人間・天上の六つの世界です。この六道には、生きている者は必ず死んでしまうという悲しみがあります。

◉命は無常なものであると知る

生き死にする命というものは移り変わって定まるものではない、といっています。「無常《むじょう》」は「常ならず」ですから、「一定していない」という意味ですね。「涅槃《ねはん》」は仏教の言葉。「涅槃の境地」という言い方がありますが、「悟り」という意味で使われることが多いようです。ここでは、早く悟りの境地にいたれるように願う、という意味になります。

次の「煩悩《ぼんのう》」も仏教の言葉で、人の心が欲に煩《わずら》わされる状態をいいます。大晦日《おおみそか》に百八つの除夜《じょや》の鐘をつきますが、百八つというのは人の煩悩の数といわれます。鐘をついてそれを払うわけです。

このようにいろいろな欲がある人間の身は不浄、つまり清らかではないから、すぐにでも「菩提《ぼだい》」を求めるべきだといっています。菩提とは、悟りによって得られる智恵。欲を取り去るために智恵を身につけなさい、といっているのです。

「厭《いと》うても厭《いと》うべきは娑婆《しゃば》なり」の「娑婆」とは煩悩が支配しているこの世です。「厭うても厭うべき」とは、最も遠ざけるべきもの。欲望が渦巻いて落ち着きのないこの世は最も遠ざけるべきであるといっているのです。

「会者定離《えしゃじょうり》の苦《く》」は、会った者は必ず別れなければいけないという苦しみ。「恐《おそ》れて恐《おそ》れるべきは六道《ろくどう》なり」は、最も恐れるべきなのは「六道」という迷いの世界であるという意味です。この六道の世界には、生きている者は必ず死んで消滅してしまうという悲しみがあるのです。

六道とは、地獄・餓鬼《がき》・畜生《ちくしょう》・修羅《しゅら》・人間・天上の六つの世界を指します。迷いある者はこの六つの世界に繰り返し生まれ変わると仏教では考えられています。天上に生まれ変われればいいですが、地獄や餓鬼の世界には生まれ変わりたくありません。だから、死んだ後にそういう世界に堕ちないように、智恵を身につけて欲を取り去りなさいと教えているわけですね。

◉欲やこだわりを捨てれば幸せに生きられる

欲に引きずられない生き方は大切です。欲に引きずられた人間は、たとえば新しいブランド物が欲しいという欲を満たすためにお金を借ります。それを繰り返しているうちに利息が増えてしまって返せなくなり、身動きがとれなくなってしまいます。そんな苦しみを味わうぐらいなら、最初から欲を持たないほうが安らかに暮らせるのではないかと仏教は教えているのです。別にブランド物がなくても生きていけるでしょう、と。

確かに欲に引きずられて苦しむという生き方はいいものではありません。しかし、それはわかっているけれど欲を断ちきれないというのも人間です。だからこそ、欲を捨て、こだわりを少なくしていく修行のゴールに悟りが生まれるのです。悟りを開き、何かがなければだめだとか、ずっと成功していたいという欲やこだわりを捨てれば、人間は思い煩うことなく生きていけると仏教は教えるのです。

この煩悩の迷いに振り回されているのが娑婆といわれる世界だとすると、その世界から身を離すことが大事なのですよ、といっているのです。身を離すとは死ぬことではなくて、欲から離れて悟りの境地を得ることです。

人間はみないつか死んでしまいます。どうせ死ぬのならば、自分の欲ばかり優先させるのではなくて、人に優しくして生きて、死んだ後も「あの人はいい人だったなぁ」といってもらえるほうがうれしいのではないでしょうか。どうせならたくさんの人と仲良くして、たくさん友達をつくって、「ああ、この世は楽しかったなぁ」と思って死んでいくほうが幸せなのではないでしょうか。

そういう生き方をするために必要なのは、今の時間を大切にし、目の前にいる人を大切にすることです。一日一日を大切に丁寧に生きることです。

43

はかない世の中をよりよく生きる方法

寿命《じゅみょう》は蜉蝣《ぶゆう》の如《ごと》し
朝《あした》に生《う》まれて夕《ゆうべ》に死《し》す
身体《しんたい》芭蕉《ばしょう》の如《ごと》し
風《かぜ》に随《したが》って壊《やぶ》れ易《やす》し

人の寿命はカゲロウみたいなもので、宇宙の営みから見れば朝に生まれて夕べに死んでしまうほどはかないものです。

人の体は芭蕉の葉が風に吹かれて壊れてしまうように、あっけなく壊れてしまいます。

◉『平家物語』や『方丈記』に描かれた無常感

ここも前項の続きで、この世のはかなさについて述べています。「寿命《じゅみょう》は蜉蝣《ぶゆう》の如《ごと》し」の蜉蝣とはカゲロウのことです。カゲロウは寿命が短いことの象徴として引用されています。

人間の寿命も長い年月から見ると、カゲロウの命ほどの短さでしかない。「朝に生まれて夕に死す」というぐらいカゲロウの命ははかないものだけれど、人間の命も宇宙の大きな営みからすれば同じようにはかないもので、あっという間に死んでゆくのです。

「身体《しんたい》芭蕉《ばしょう》の如《ごと》し」の芭蕉は、植物の名前です。人間の体は、芭蕉の葉が風に吹かれて壊れてしまうのと同様、はかないものであるということです。

『平家物語』の冒頭に「祇園精舎《ぎおんしょうじゃ》の鐘の声、諸行無常《しょぎょうむじょう》の響きあり」とあります。また『方丈記《ほうじょうき》』の冒頭には「ゆく河の流れは絶えずして、しかももとの水にあらず」とあります。これらが表わす無常観は、ここの「寿命は蜉蝣の如し」や「身体芭蕉の如し」と共通のものです。

考えてみると、日本の子どもたちは幼い頃から教育を通して「この世は無常である」と覚えさせられてきたわけです。それはけっして悪いことではないと思います。この世には定まったものなどない。すべて生きているものは死んでいくのですし、栄えたものは衰えていきます。どんなことにも上がり下がりがあり、命は永遠ではありません。まさにこの世は無常で、常に移りゆくものです。それがわかることが一つの悟りです。

そして、この世に確かなものがないとすれば、ものに必要以上に執着《しゅうちゃく》をするのはやめようという気持ちが生まれます。お金をいくら貯め込んだとしても、地獄や天国へ持っていけるわけではありません。だから、執着はやめようというのが仏教の教えです。それに気づき、悟ることが涅槃の境地にいたることなのです。

◉はかない命だからこそ大切に生きる

沖縄に行くと、「人の結びつきを大切にしているなぁ」と感じます。大人数で集まって楽しく過ごす時間を大事にしています。

お金のために仕事をして、家族と過ごす時間もない。その結果、家庭崩壊が起こったりするのなら、なんのために一所懸命働いてお金を稼いでいるのかわかりません。こういうのを本末転倒《ほんまつてんとう》といいます。

そのように考えると、この世で何が大切なのかを見極めていくことも、一つの悟りなのではないかと思います。

幸せになるためにはそんなに多くのものが必要なわけではありません。子どもがいて、その子がいい子に育ってくれれば、それで幸せです。あるいは、飼っている犬が元気ならば幸せという知人もいます。元気でいられるだけで幸せという人もいます。案外、幸せというものは身近にあるものなのではないでしょうか。

会ったものは必ず別れる、生きたものは必ず死んでゆく、この世はすべてははかないものだという認識はとても大切です。私たちがこの世にいる時間はそんなに長くはありません。だからこそ、「はかない命を大切に生きよう」「世のため、人のために役立つ生き方をしよう」という考えも生まれてくるのです。

ときどき人間の生命とははかないものだと実感させられる出来事に遭遇します。それは身近な人たちの死です。私の知り合いの、子どもが三人いるお母さんが突然倒れて、その日のうちに亡くなってしまったことがあります。とてもいい人でした。世の中には悪事を働いた人が長生きしたり、いい人が早く死んでしまったり、納得のいかない出来事が起こります。それを不条理《ふじょうり》といいますが、不条理もまた私たちが避けることのできないものです。

だからこそ、生きている間に精いっぱい、自分にとって、周りの人にとっていいことをやっておく。そういう考え方が大切になってくるのです。『童子教』も、そういう生き方を教えています。この世がはかないものだと知るために、早く悟りの世界に行かなくてはいけませんよ、といっているのです。

44

お金も成功もあの世には持っていけない

綾羅《りょうら》の錦繍《きんしゅう》は
全《まった》く冥途《めいど》の貯《たくわ》えに非《あら》ず
黄金《おうごん》珠玉《しゅぎょく》は
只《ただ》一世《いっせ》の財宝《ざいほう》
栄花《えいが》栄耀《えいよう》は
更《さら》に仏道《ぶつどう》の資《たす》けに非《あら》ず

いくら美しく飾られた服でも、あの世への旅の貯えにはなりません。黄金とか宝の珠もこの世限りのもので、来世に持っていけるわけではありません。この世でいくらきらびやかに栄えても、仏の道を悟るのに役立つわけではありません。

◉人格を磨くことこそ尊い生き方

「綾羅《りょうら》の錦繍《きんしゅう》」とは美しい服のこと。それは冥途《めいど》の旅の貯えにはならないといっています。それはそうでしょう。当時は美しい服は宝物だったわけですが、いくら美しい服でも死んだ後にあの世に持っていけるわけではありません。

同じように、黄金とか宝の珠もこの世限りのもので、来世に持っていけるわけではないといっています。

「栄花栄耀《えいがえいよう》」とは、この世できらびやかに栄えたということ。それも仏の道を悟るのに役立つわけではない。自分は金持ちだったとか大成功したといっても、それで悟れるわけではないということです。

キリスト教に同じような意味の言葉があります。「富んでいる者が神の国に入るよりは駱駝《らくだ》が針の穴を通るほうがもっとやさしい」という言葉です。金持ちは手にした財宝をなかなか捨て切れないから天国の狭い門をくぐるのが難しいというのです。一方、貧しい人は身一つだから幸いだというわけです。これらの言葉も、この世で成功したからといって天国に行けるわけではない、お金持ちが人間的に優れているという保証にはならないといっています。

この世で成功する、この世でお金持ちになる以上に、人格を磨いて悟る、徳を積むという生き方を一貫して重視しているのが、この『童子教』の教えです。

45　命の尊さと無常を学ぶ話

官位寵職《かんいちょうしょく》は
唯《ただ》現世《げんぜ》の名聞《みょうもん》
亀鶴《きかく》の契《ちぎ》りを致《いた》す
露命消《ろめいき》えざる程《ほど》
鴛鴦《えんおう》の衾《ふすま》を重《かさ》ぬるも
身体《しんたい》の壊《やぶ》れざる間《あいだ》

官位や王にかわいがられて就いた職はこの世での評判でしかありません。
長生きの亀や鶴の夫婦の契りも、はかない命のある間だけです。
おしどりの夫婦がどれだけ仲が良くても、この世に体が存在している間だけです。

◉長生きの夫婦も一緒にいられるのは命ある間でしかない

ここも前項の続きです。高い位や職はこの世での評判でしかない。いくら高い地位につき、大切にされたところで、それはこの世の名声でしかありません。

次の「亀鶴《きかく》の契《ちぎ》りを致《いた》す　露命《ろめい》の消《き》えざる程《ほど》　鴛鴦《えんおう》の衾《ふすま》を重《かさ》ぬるも　身体《しんたい》の壊《やぶ》れざる間《あいだ》」は、無常をテーマにした仏教の説話をもとにした言葉のようです。「鴛鴦」というのは「おしどり」です。鴛鴦には、百六十年雌雄が契るという「鴛鴦の契り」という話があります。おしどりの夫婦は同じ布団で一緒に寝るほど仲がいいけれど、それもこの世に命がある間だけのことだといっているのです。

この鴛鴦に対して「亀鶴の契り」は、鶴や亀の夫婦の契りです。鶴は千年、亀は万年といって長生きの象徴とされますが、それでもいつか命は尽きます。いくら長生きでも一緒にいられるのは命がある間だけなのです。

いくら仲が良くても、いくら長生きしても、夫婦が一緒にいられるのは命がある間だけ。これもまた、この世の無常です。

46

どんなに権勢ある人もあの世では通用しない

忉利摩尼殿《とうりまにでん》も
遷化《せんげ》の無常《むじょう》を歎《なげ》く
大梵高台《だいぼんこうだい》の客《かく》も
火血刀《かけっとう》の苦《くる》しみを悲《かな》しむ
須達《しゅだつ》の十徳《じっとく》も
無常《むじょう》に留《とど》まること無《な》し
阿育《あいく》の七宝《しっぽう》にても

寿命《じゅみょう》を買《か》うに無《な》し
月支《がっし》の月《つき》を還《かえ》せし威《いきおい》も
琰王《えんおう》の使《つか》いに縛《しば》らる
龍帝《りゅうてい》の龍《りゅう》を投《な》ぐる力《ちから》も
獄卒《ごくそつ》の杖《つえ》に打《う》たる

願いを叶える宝珠の力によっても高僧の死は避けられず、歎くほかありません。
天上の御殿に招かれる客たちも、地獄で苦しむ人を見て悲しんでいます。
須達が身につけている十の徳によっても無常には逆らえません。
阿育王の持っている七つの宝を使っても寿命を買うことはできません。
沈む月を上らせるほど勢いのある月支も、閻魔大王の使いに縛られてしまいます。
龍を投げ捨てるほどの力を持つ龍王も、地獄の鬼の杖で打たれてしまいます。

◉この世の無常には誰も太刀打ちできない

ここも、すべては移り変わるというこの世の無常について語っています。この世でどんなに力のある人でも、あの世に行ってしまえば、その力を発揮することはできないといっているわけです。

「忉利《とうり》」とは、仏教の三界に数えられる「欲界」にある六欲天という欲にとらわれた世界の一つで、三十三天ともいわれます。

「摩尼《まに》」とは、如意《にょい》とか宝珠《ほうじゅ》といわれる玉です。わかりやすくいうと、願いをなんでも叶えてくれるドラゴンボールのようなものです。

「遷化《せんげ》」は、この世での教化（徳によって人々を善のほうへ教え導くこと）を終えてあの世に教化を移すという意味なのですが、普通は地位の高いお坊さんが死んでしまうことを指します。

つまり、願いがなんでも叶えられるといわれている宝珠の力でも高僧が死んでしまうという無常は避けようがない。だから、歎くほかないといっているのです。

「大梵《だいぼん》」は色界にある十八天の第三天である大梵天のこと、「火血刀《かけっとう》」は地獄・畜生・飢鬼の三悪道で苦しむということ。「高台《こうだい》」は「大梵高台」として、きらびやかな御殿のたとえです。「天上のきらびやかな御殿に招かれる客たちも地獄で苦しんでいる人を見て悲しんでいる」という意味になるでしょうか。

「須達《しゅだつ》」はスダッタという古代インドの富豪で、とてもあわれみ深い人でした。彼はお釈迦様の説法を聞いて感動し、お釈迦様のために寄進《きしん》をして、祇園精舎を建立しました。そんな須達の身につけている十の徳によっても無常には逆らうことができない、というのです。

「阿育《あいく》」はアショーカ王という古代インドの大王です。立派なアショーカ王の持っている七つの宝を使っても寿命を買うことはできない、といっています。

「月支《がっし》」は天竺《てんじく》（三蔵法師が仏教の経典を求めて旅した場所）あるいはその周辺にいた民族を指しているようです。沈もうとする月を逆に昇らせてしまうぐらい勢いがあった、と書いてありますね。

「琰王《えんおう》」は地獄の閻魔大王《えんまだいおう》が思い浮かびます。この世ではたいへん勢いのあった月支ですら、あの世では閻魔大王の使いに捕えられて縛《しば》られてしまう。

「龍帝《りゅうてい》」は龍を投げるほどの力を持っているけれども、死んでしまえば地獄の鬼に杖で打たれてしまう。月支と同じく、この世の勢いはあの世では通用しないということをいっているのでしょう。

ここでは、人間はけっしてこの世の無常には逆らえないということを繰り返し述べています。この世でどれほど力のある人も、それは現世限りだと強調しています。

47

心を込めた施しには偉大な力がある

人尤《ひともっと》も施《ほどこ》し行《おこな》うべし
布施《ふせ》は菩提《ぼだい》の粮《かて》
人最《ひともっと》も財《ざい》を惜《お》しまざれ
財宝《ざいほう》は菩提《ぼだい》の障《さわ》り
若《も》し人《ひと》貧窮《ひんきゅう》の身《み》にて
布施《ふせ》すべき財《ざい》無《な》くんば
他《ひ》の布施《ふせ》する時《とき》を見《み》て

随喜《ずいき》の心《こころ》を生《しょう》ずべし
心《こころ》に悲《かな》しみて一人《いちにん》に施《ほどこ》せ
功徳大海《くどくだいかい》の如《ごと》し
己《おのれ》の為《ため》に諸人《しょにん》に施《ほどこ》せ
報《むく》いを得《う》ること芥子《けし》の如《ごと》し

人は何よりも施しを行うべきです。布施は悟りの智慧の糧になるものですから、財を差し出して布施をするのを惜しんではいけません。財宝を自分一人のものにすると悟りの智慧の差し障りになります。もし貧しくて布施をする財がなければ、他人の布施を見て共に喜びなさい。

慈悲の心を抱いていれば、たった一人の人に対する施しでも、その功徳は大海のようなものです。しかし、自分のためだけを考えて多くの人に施しても、その報いは芥子の粒のように小さなものでしかありません。

◉気持ちがこもっているかどうか、それが一番大切なこと

ここでは施しの大切さがテーマになっています。

最初に「布施《ふせ》は菩提《ぼだい》、つまり悟りの智恵の糧《かて》になるものだから、人は財を差し出して布施をするのを惜しんではいけない。財宝は悟りの智恵の差し障りになる。もし貧しくて布施をする財がなければ、他人が布施をするのを見て共に喜びなさい」といっています。施しをするのは大切なことだからけっして惜しんではいけない、施す財が何もないのなら他人が施しをするのを見て喜べばそれが施しになるというのです。

「心《こころ》に悲《かな》しみて一人《いちにん》に施《ほどこ》せ　功徳大海《くどくだいかい》の如《ごと》し」と「己《おのれ》の為《ため》に諸人《しょにん》に施《ほどこ》せ　報《むく》いを得《う》ること芥子《けし》の如《ごと》し」はセットになっています。慈悲の心を抱いていればたった一人の人に対する施しでも、その功徳は大海のようである。しかし、自分のためだけを考えて多くの人に施しても、その報いは芥子の粒のように小さなものでしかない。だから施しは本心からしなくてはいけないというわけです。

マザー・テレサもいっていましたが、自分の名を上げたいから寄付をするという

のでは意味がないそうです。あるいは旅行中に小銭が余ったから寄付をしますという場合は受け取らないそうです。額の多い少ないではなくて、大切なのは気持ちなのです。

48

小さな努力でも必ずいつか報われる

砂《すな》を聚《あつ》めて塔《とう》と為《な》す人《ひと》は
早《はや》く黄金《おうごん》の膚《はだえ》を研《みが》く
花《はな》を折《お》って仏《ほとけ》に供《きょう》ずる輩《ともがら》は
速《すみ》やかに蓮台《れんだい》の趺《はなぶさ》を結《むす》ぶ
一句《いっく》信受《しんじゅ》の力《ちから》
転輪王《てんりんおう》の位《くらい》に超《こ》えたり
半偈聞法《はんげもんほう》の徳《とく》は

三千界《さんぜんかい》の宝《たから》に勝《まさ》れり

砂を集めて仏塔をつくろうとする人は、仏様の肌を研いているようなものです。花を折って仏様に供するような信心深い人は、蓮華の台座で花を開かすことができます。

短い一句でも信じる力を持てば、転輪王の位を超えることができます。仏様の教えを伝える半偈に耳を傾けて聞けば、その徳は三千世界の宝よりも優れています。

◉小さな功徳を積み上げる

「砂《すな》を聚《あつ》めて塔《とう》を為《な》す人《ひと》は　早《はや》く黄金《おうごん》の膚《はだえ》を研《みが》く」「花《はな》を折《お》って仏《ほとけ》に供《きょう》ずる輩《ともがら》は　速《すみ》やかに蓮台《れんだい》の趺《はなぶさ》を結《むす》ぶ」は、「砂を集（聚）める」ことと「花を供える」ことがセットになっています。どちらも小さな行為ですが、そういう小さな功徳《くどく》を積み上げることが大切なのだというわけです。

細かい砂を集めてつくる塔とは、おそらく仏塔なのでしょう。砂で仏塔をつくるのは大変です。しかし、そういう地道な作業に心を込める人は「早く黄金の膚を研く」ようなものであるというのです。「黄金の膚」とは、仏様の黄金色した肌をいうようです。つまり、仏様の肌を研くようなもので功徳があるということでしょう。

蓮台というのは仏像の乗った蓮華の台座のことです。花を折って仏様に供するような信心深い人は、仏の座である蓮華の台座で花を開かすことができる。つまり、努力が実を結ぶといっているのでしょう。

「一句信受《いっくしんじゅ》の力《ちから》　転輪王《てんりんおう》の位《くらい》に超《こ》えたり　半偈聞法《はんげもんほう》の徳《とく》は　三千界《さんぜんかい》の宝《たから》に勝《まさ》れり」は「一句信受」と「半偈聞法の徳」がセットになっています。一句も半偈も短い言葉です。ここでは仏様の教えを指しています。それを信じる力を持てば、転輪王という古代インドの伝説の王の位を超えることができるし、それに耳を傾けて聞くだけでも、その徳は三千世界の宝よりも優れているというのです。気持ちを込めて臨めば、それは必ず報われるということでしょう。

49

悟りへの道はあらゆる人に開かれている

上《かみ》は須《すべか》らく仏道《ぶつどう》を求《もと》む
中《なか》ばは四恩《しおん》を報《ほう》ずべし
下《しも》は遍《あまね》く六道《ろくどう》に及《およ》ぶ
共《とも》に仏道《ぶつどう》を成《じょう》ずべし

上級者はひたすら仏道修行をしなさい。
中級者は四恩に報いるように努めなさい。
下級者は六道を繰り返しめぐりなさい。
そうすれば身分の上下にかかわらず仏の道にいたることができます。

◉自分にできることを続けていく、それが何よりも大事なこと

自分にできることを精いっぱい続けていくことの大切さを教えている言葉です。「上《かみ》は須《すべから》く仏道《ぶつどう》を求《もと》む　中《なか》ばは四恩《しおん》を報《ほう》ずべし　下《しも》は偏《あまね》く六道《ろくどう》に及《およ》ぶ　共《とも》に仏道《ぶつどう》を成《じょう》ずべし」とは、上中下とそれぞれランクの違いはあるけれど、それぞれにおいて仏の道をきわめる手段があるといっているのでしょう。

では、その違いとは何かというと、上級者はひたすら仏道修行をする、中級者は四恩（父母の恩、社会の恩、国の恩、三宝の恩ですが、違うものが含まれる場合もあるようです）に報いる、下級者は六道（天道、人間道、修羅道、畜生道、餓鬼道、地獄道）を繰り返しめぐる。そうすれば身分の上下にかかわらず仏の道にいたることができるというのです。

要するに、なんでも本気でやれば救いはあるということでしょう。大金を布施することが必要なのではなく、小さな砂を集めて仏塔をつくるのでもいいし、花を折って仏像に供えて祈るのでもいいし、南無阿弥陀仏《なむあみだぶつ》のような短い言葉を大事に唱えることでもいい。それによって救いが得られるというのです。

特別な人だけが仏の境地にいたれるわけではなく、真心をもって接すれば誰でもそこに行けるのだと教えているのです。自分のできることを誠実に続けていく。それが大切だということです。

たとえば、今の日本でいえば東日本大震災の復興という大きな問題があります。時間がたつにつれて、被災地以外に住む人はそれを忘れがちです。でも、被災された人たちの悲しみや苦しさを共有して自分にできることで協力する、それを続けていくという姿勢を決して忘れてはいけません。

日本人は過去にいろいろな災害に見舞われています。いろいろな場所で災害が起きています。もしかすると、明日は自分が災害にあわないとも限りません。だから、お互いに助け合って、自分にできることをやっていこうという生き方を貫かなくてはいけないのです。そうした気持ちを持ち続けるというのが悟りの道につながっていくと考えてもいいように思います。あらゆる人に悟りへの道は開かれているのですよ、というメッセージで『童子教』は最後を結んでいるのです。

50

『童子教』を学んで正しい生き方を身につけよう

幼童《ようどう》を誘引《ゆういん》せんが為《ため》に
因果《いんが》の道理《どうり》を註《ちゅう》す
内典《ないでん》外典《がいでん》より出《い》だす
見《み》る者《もの》誹謗《ひぼう》すること勿《なか》れ
聞《き》く者《もの》笑《わら》いを生《しょう》ずることなかれ

この『童子教』は、幼い子どもたちをよい生き方へと誘うために、この世の中の因果の道理を説明したものです。取りあげた言葉は、仏教もあれば儒教もありますし、日本のものもあれば外国のものもあります。

いろいろな話が出てきますが、それを見て悪口をいってはいけません。それを聞いて笑ってはいけません。その奥にある教えをしっかり学んでください。

◉荒唐無稽な話の奥にある大切な教え

この最後の言葉は『童子教』を学ぶ目的を明らかにしています。

ここまで読んできておわかりのように、『童子教』という本は「幼い子どもたちをよい生き方へと誘うために、この世の中の因果の道理を説明した」ものです。

「因果《いんが》」とは、原因と結果のこと。因果応報《いんがおうほう》という言葉がありますが、これは「悪事を働けば自分のもとにも悪い結果が返ってくるし、善行をすれば自分のもとにもよい結果が返ってくる」という仏教の考え方です。それが真実であるということを『童子教』は数々の事例をあげながら明らかにしているのです。

また、『童子教』に集められている言葉は「内典外典《ないでんがいでん》」から取られています。つまり、仏教の経典《きょうてん》だけではなく、儒教などの経典から取ってきたものです。あるいは日本の本だけではなく、外国の本からも取ってきています。それらの言葉に共通しているのは、いずれも正しい生き方をしていくために大切な教えとなっている点でしょう。

『童子教』の最後には「これを見て誹謗《ひぼう》（悪くいうこと）してはいけません、これを聞いて笑ってはいけません」と書いてあります。これは、本当か嘘かわからないような話も書かれているけれど、それを馬鹿にしたり笑ったりしてはいけません、といっているのかもしれません。大切なのは、そういう話の奥にある教えをしっかり理解して、よい生き方を身につけていくことだからです。これは『童子教』の全体を貫いている大きな流れとなっています。

こんな話があるのかと驚きながら、「これは何を教えようとしているのだろうか?」と想像力を働かせながら読んでいくといいでしょう。そうやって物事の見方を身につけることは、これから生きていくうえでとても役立つはずです。

あとがき――来世まで見通して今をよりよく生きる方法を教える

◉日本人の生き方を後世に伝える最適の書

『童子教』が到達点として設けているのは、この世の成功ではありません。来世まで見通して、この世の生き方を教え、人格を練り上げていくことをめざしているのです。そのため「お金や地位が人間の価値を決めるのではない」という考え方が繰り返し説かれています。そこに救いがあると私は思います。

この世での勝ち負けを競うような社会はいいものではありません。大金を儲けた人は成功者として気分よく死に、貧乏で終わった人は失敗者としてがっかりして死ぬというような考え方は間違っていると思います。

『童子教』もそういう視点で書かれています。現世だけではなく来世もあると子どもたちに教えることで、金銭よりも大切な価値があると説いているのです。そして、金持ちだろうと貧しかろうと、すべての人に道が開かれているんだと子どもに教えることは、今の時代にも求められている大切な考え方だと思います。

一時期、あるいは勝ち組・負け組という言葉がはやっていた頃の日本人は本当に幸せだったでしょうか。振り返ると、その当時の日本人は心がちょっと殺伐《さつばつ》としていたように感じます。同じ日本人の中で、勝ち組・負け組のような区分けをしはじめた日本人がいたことを私は情けなく思っていました。

戦後の日本はみなが助け合って総中流社会をつくり上げました。あの頃のようなお互いが助け合う気持ち、それが今でも大切だと思います。それは東日本大震災のような大きな災害が重なる中で、いよいよ大切になってきているのではないでしょうか。

そういう気持ちをもう一度日本人の中によみがえらせるために、人間としての生き方の基本が書かれた『童子教』や『実語教』を親子で、あるいは祖父母と孫で一緒に読みながら、私たちの祖先が何を大切にしてきたのかを学び、身につけてほしいと思うのです。

『童子教』は『実語教』と並ぶ「日本人千年の教科書」です。ここに書かれた内容を千年間も大切にしてきたために、日本はこんなに平和でいい国になったのです。総合的に見て、日本は世界史でも稀《まれ》なほど「安全で整った国」だと思います。戦争で負けて焼け野原になりましたが、それを取り戻す力がありました。戦後の復興が成功したのは、日本人の中に前を向いて頑張って努力するという基本的な方向性が確立されていたからです。その精神力で、日本は進んできたように思うのです。そういう方向性をつくってくれたものが、この『童子教』『実語教』といった千年の教科書なのです。

古いものですが、これぐらい古くなると、今の子どもたちは逆に受け入れやすいように思います。今書かれた本で真正面から「親孝行をしなさい」といわれると、ちょっと引いてしまうかもしれませんが、「昔の人はこうだった」と教えれば、子どもたちも一つの話として楽しめるのではないでしょうか。

また、こうした本をお父さん、お母さんと一緒に読んだ、おじいちゃん、おばあちゃんと一緒に読んだという思い出も子どもには大事なのです。

ですから、ぜひ一緒に読んでいただきたいと思います。家族と一緒に読んだ話が千年も前の日本人とつながっている、江戸時代の人ともつながっているという意識を持つことが子どもにとってとても大きな力になります。


いうまでもありませんが、人は一人で生きているのではありません。社会の中で、同じ時代に生まれた人たちと一緒に生きているのです。それはちょうど、次々と漕《こ》ぎ手を変えながら、みんなで力を合わせて大きな船を漕いでいるようなものです。子どもたちもやがて、その大きな船の漕ぎ手にならなくてはいけないのです。

幕末に生きて明治維新を実現した人たちは、子どもの頃に『童子教』や『実語教』を一所懸命に読み学びました。それによって人間としての基本を身につけていきました。それがベースとなって明治維新が起こり、日本は近代国家への道を歩みはじめたのです。

私たちはその延長線上に生きています。ですから、私たちもまた次世代のために、これらの本が教える、人間として、日本人としての生き方を伝えていく必要があると思います。

人間としての生き方の基本を身につけることは、一人ひとりが実りある人生を送るためにも欠かせません。果たして来世があるかどうかはわかりませんが、少なくとも次世代のために、よりよく生きる方法を伝えていくのは、今を生きる者の責務ではないでしょうか。今だけでなく、遠くを望んで生きる心のあり方が大切だと思うのです。

お父さんお母さん、そして日本の大人のみなさんには、この『童子教』を子どもたちに読んで聞かせるという豊かな時間を与えていただきたいと思います。

ぜひ、いっしょに声に出して読んでください。言葉がからだにしみ入ります。寺子屋の雰囲気で素読してもらえたら幸いです。

付録　『童子教』素読用読み下し文

夫《そ》れ貴人《きじん》の前《まえ》に居《い》ては　顕露《けんろ》に立《た》つことを得《え》ず

道路《どうろ》に遇《お》うては跪《ひざまず》いて過《す》ぎよ

召《め》す事《こと》有《あ》らば敬《うやま》って承《うけたまわ》れ

両《りょう》の手《て》を胸《むね》に当《あ》てて向《む》かえ　慎《つつし》んで左右《さゆう》を顧《かえり》みず

問《と》わずんば答《こた》えず　仰《おお》せ有《あ》らば謹《つつし》んで聞《き》け

三宝《さんぼう》には三礼《さんれい》を尽《つ》くせ　神明《しんめい》には再拝《さいはい》を致《いた》せ

人間《にんげん》には一礼《いちれい》を成《な》せ　師君《しくん》には頂戴《ちょうだい》すべし

墓《はか》を過《す》ぐる時《とき》は則《すなわ》ち慎《つつし》め

社《やしろ》を過《す》ぐる時《とき》は則《すなわ》ち下《お》りよ
堂塔《どうとう》の前《まえ》に向《む》かって 不浄《ふじょう》を行《おこな》うべからず
聖教《しょうぎょう》の上《うえ》に向《む》かって 無礼《ぶれい》を致《いた》すべからず
人倫《じんりん》礼《れい》有《あ》れば 朝廷《ちょうてい》必《かなら》ず法《ほう》有《あ》り
人《ひと》にして礼《れい》無《な》き者《もの》は 衆中《しゅちゅう》又《また》過《とが》有《あ》り
衆《しゅ》に交《まじ》わりて雑言《ぞうごん》せず 事《こと》畢《おわ》らば速《すみ》やかに避《さ》けよ
事《こと》に触《ふ》れて朋《とも》に違《たが》わず 言語《げんご》離《はな》るることを得《え》ず
語《ことば》多《おお》きは品《しな》少《すく》なし 老《お》いたる狗《いぬ》の友《とも》を吠《ほ》ゆるが如《ごと》し

懈怠《けたい》する者《もの》は食《しょく》を急《いそ》ぐ　瘦《や》せたる猿《さる》の菓《このみ》を貪《むさぼ》るが如《ごと》し

勇《いさ》める者《もの》は必《かなら》ず危《あやう》き事《こと》あり　夏《なつ》の虫《むし》の火《ひ》に入《い》るが如《ごと》し

鈍《にぶ》き者《もの》は亦《また》過《あやま》ち無《な》し　春《はる》の鳥《とり》の林《はやし》に遊《あそ》ぶが如《ごと》し

人《ひと》の耳《みみ》は壁《かべ》に付《つ》く　密《ひそ》かにして讒言《ざんげん》すること勿《なか》れ

人《ひと》の眼《め》は天《てん》に懸《か》かる　隠《かく》して犯《おか》し用《もち》うること勿《なか》れ

車《くるま》は三寸《さんずん》の轄《くさび》を以《も》って　千里《せんり》の路《みち》を遊行《ゆぎょう》す

人《ひと》は三寸《さんずん》の舌《した》を以《も》って　五尺《ごしゃく》の身《み》を破損《はそん》す

口《くち》は是禍《これわざわい》の門《かど》　舌《した》は是禍《これわざわい》の根《ね》

口《くち》をして鼻《はな》の如《ごと》くならしめば
身《み》終《お》わるまで敢《あ》えて事無《ことな》し
過言《かごん》一《ひと》たび出《い》ずれば　駟追《しつい》舌《した》を返《かえ》さず
白圭《はくけい》の玉《たま》は磨《みが》くべし　悪言《あくげん》の玉《たま》は磨《みが》き難《がた》し
禍福《かふく》は門《もん》無《な》し　唯《ただ》人《ひと》の招《まね》く所《ところ》に在《あ》り
天《てん》の作《つく》る災《さい》は避《さ》くべし　自《みずか》ら作《つく》る災《さい》は逃《のが》れ難《がた》し
夫《そ》れ積善《せきぜん》の家《いえ》には　必《かなら》ず余慶《よけい》あり
又《また》好悪《こうあく》の処《ところ》には　必《かなら》ず余殃《よおう》あり

人《ひと》にして隠徳《いんとく》あれば　必《かなら》ず陽報《ようほう》あり

人《ひと》にして陰行《いんぎょう》あれば　必《かなら》ず照明《しょうめい》あり

信力堅固《しんりきけんご》の門《かど》には　災禍《さいか》の雲起《くもお》こること無《な》し

念力強盛《ねんりききょうせい》の家《いえ》には　福祐《ふくゆう》の月光《つきひかり》を増《ま》す

心《こころ》の同《おな》じならざるは面《おもて》の如《ごと》し

譬《たと》えば水《みず》の器《うつわ》に随《したが》うが如《ごと》し

他人《たにん》の弓《ゆみ》を挽《ひ》かざれ　他人《たにん》の馬《うま》に騎《の》らざれ

前車《ぜんしゃ》の覆《くつがえ》るを見《み》て　後車《ごしゃ》の誡《いましめ》とす

前事《ぜんじ》の忘《わす》れざるを　後事《ごじ》の師《し》とす

善立《ぜんた》って名《な》を流《なが》す　寵極《ちょうきわ》まって禍《わざわい》多《おお》し

人《ひと》は死《し》して名《な》を留《とど》む　虎《とら》は死《し》して皮《かわ》を留《とど》む

国土《こくど》を治《おさ》むる賢王《けんおう》は　鰥寡《かんか》を侮《あなど》ること勿《なか》れ

君子《くんし》は人《ひと》を誉《ほ》めず　則《すなわ》ち民《たみ》に怨《あだ》となる

境《きょう》に入《い》っては禁《いましめ》を問《と》い　国《くに》に入《い》っては国《くに》を問《と》い

郷《ごう》に入《い》っては郷《ごう》に随《したが》い　俗《ぞく》に入《い》っては俗《ぞく》に随《したが》い

門《もん》に入《い》っては先《ま》ず諱《いみな》を問《と》え　主人《しゅじん》を敬《うやま》うが為《ため》なり

君所《くんしょ》に私《わたくし》の諱《いみな》無《な》し　二《ふた》つ無《な》きは尊号《そんごう》なり

愚者《ぐしゃ》は遠《とお》き慮《おもんぱか》り無《な》し　必《かなら》ず近《ちか》き憂《うれ》い有《あ》るべし

管《くだ》を用《もち》いて天《てん》を窺《うかが》う如《ごと》く

針《はり》を用《もち》いて地《ち》を指《さ》すに似《に》たり

神明《しんめい》は愚人《ぐにん》を罰《ばっ》す　殺《ころ》すに非《あら》ず懲《こ》らしめんが為《ため》なり

師匠《ししょう》の弟子《でし》を打《う》つは

悪《にく》むに非《あら》ず能《よ》からしめんが為《ため》なり

生《う》まれながらにして貴《たっと》き者《もの》は無《な》し

習《なら》い修《じゅ》して智徳《ちとく》と成《な》る

貴《たっと》き者《もの》は必《かなら》ず富《と》まず　富《と》める者《もの》は未《いま》だ必《かなら》ず貴《たっと》からず

富《と》めると雖《いえど》も心《こころ》多《おお》きは欲《よく》　是《これ》を名《な》づけて貧人《ひんにん》とす

貧《まず》しきと雖《いえど》も心《こころ》欲《ほっ》せば足《た》れり　是《これ》を名《な》づけて富人《ふじん》とす

師《し》の弟子《でし》に訓《おし》えざる　是《これ》を名《な》づけて破戒《はかい》となす

師《し》の弟子《でし》を呵責《かしゃく》する　是《これ》を名《な》づけて持戒《じかい》となす

悪《あ》しき弟子《でし》を蓄《とど》むれば　師弟地獄《していじごく》に堕《お》つ

善《よ》き弟子《でし》を養《やしな》えば　師弟仏果《していぶっか》に至《いた》る

教《おし》えに順《したが》わざる弟子《でし》は　早《はや》く父母《ふぼ》に返《かえ》すべし

和《やわ》らかならざる者《もの》を宛《なだ》めんと擬《ぎ》すれば

怨敵《おんてき》と成《な》って害《がい》を加《くわ》う

悪人《あくにん》に順《したが》って避《さ》けざれば　繫《つな》げる犬《いぬ》の柱《はしら》を廻《めぐ》るが如《ごと》し

善人《ぜんにん》に馴《な》れて離《はな》れざれば　大船《たいせん》の海《うみ》に浮《う》かべるが如《ごと》し

善《よ》き友《とも》に随順《ずいじゅん》すれば　麻中《まちゅう》の蓬《よもぎ》の直《なお》きが如《ごと》し

悪《あ》しき友《とも》に親近《しんきん》すれば　藪《やぶ》の中《なか》の荊曲《けいきょく》の如《ごと》し

祖《そ》に離《はな》れ疎師《そし》に付《つ》きて　戒定恵《かいじょうえ》の業《ぎょう》を習《なら》え

根性《こんじょう》は愚鈍《ぐどん》なりと雖《いえど》も　自《おの》ずから好《この》めば学位《がくい》に致《いた》る

一日《いちにち》に一字《いちじ》学《まな》びて　三百六十字《さんびゃくろくじゅうじ》

一字千金《いちじせんきん》に当《あ》たる　一点他生《いってんたしょう》を助《たす》く

一日師《いちにちし》を疎《おろそ》かにせず　況《いわん》や数年《すうねん》の師《し》を乎《や》

師《し》は三世《さんぜ》の契《ちぎ》り　祖《そ》は一世《いっせ》の睦《むつみ》

弟子《でし》は七尺《しちしゃく》去《さ》って　師《し》の影《かげ》を踏《ふ》むべからず

観音《かんのん》は師孝《しこう》の為《ため》に　宝冠《ほうかん》に弥陀《みだ》を戴《いただ》き

勢至《せいし》は親孝《しんこう》の為《ため》に　頭《こうべ》に父母《ふぼ》の骨《ほね》を戴《いただ》き

宝瓶《ほうびん》に白骨《はくこつ》を納《おさ》む　朝《あした》は早《はや》く起《お》きて手《て》を洗《あら》い
意《こころ》を摂《おさ》めて経巻《きょうかん》を誦《じゅ》せよ
夕《ゆうべ》には遅《おそ》く寝《いね》るとも足《あし》を洒《そそ》ぎ
性《せい》を静《しず》めて義理《ぎり》を案《あん》ぜよ　習《なら》い読《よ》めど意《こころ》にいれざれば
酔《よ》い寐《ね》て譫《むつごと》を語《かた》るが如《ごと》し　千巻《せんかん》を読《よ》めども復《ふく》さざれば
財《ざい》無《な》くして町《まち》に臨《のぞ》むが如《ごと》し　薄《うす》き衣《ころも》の冬《ふゆ》の夜《よ》も
寒《かん》を忍《しの》びて通夜《つうや》に誦《じゅ》せよ　乏《とぼ》しき食《しょく》の夏《なつ》の日《ひ》も
飢《うえ》を除《のぞ》きて終日《ひねもす》習《なら》え　酒《さけ》に酔《よ》えば心狂乱《こころきょうらん》し

食《しょく》を過《す》ごせば学文《がくもん》に倦《う》む　身《み》を温《あたた》むれば睡眠《すいみん》を増《ま》す

身《み》を安《やす》んずれば懈怠《けたい》起《お》こる　匡衡《きょうこう》は夜学《やがく》の為《ため》

壁《かべ》を鑿《うが》ちて月光《げっこう》を招《まね》く　孫教《そんきょう》は学問《がくもん》の為《ため》

戸《と》を閉《と》じて人《ひと》を通《つう》ぜず　蘇秦《そしん》は学文《がくもん》の為《ため》

錐《きり》を股《もも》に刺《さ》して眠《ねむ》らず　俊敬《しゅんきょう》は学文《がくもん》の為《ため》

縄《なわ》を頸《くび》に懸《か》けて眠《ねむ》らず　車胤《しゃいん》は夜学《やがく》を好《この》んで

蛍《ほたる》を聚《あつ》めて燈《ともしび》とす　宣士《せんし》は夜学《やがく》を好《この》んで

雪《ゆき》を積《つ》みて燈《ともしび》とす　休穆《きゅうぼく》は文《ぶん》に意《こころ》を入《い》れて

冠《かんむり》の落《お》つるを知《し》らず　高鳳《こうほう》は文《ぶん》に意《こころ》を入《い》れて
麦《むぎ》の流《なが》るるを知《し》らず　劉完《りゅうかん》は衣《きぬ》を織《お》り乍《なが》ら
口《くち》に書《しょ》を誦《じゅ》して息《やす》まず　倪寛《げいかん》は耕作《こうさく》し乍《なが》ら
腰《こし》に文《ふみ》を帯《お》びて捨《す》てず　此等《これら》の人《ひと》は皆《みな》
昼夜《ちゅうや》学文《がくもん》を好《この》みしに　文操国家《ぶんそうこっか》に満《み》つ
遂《つい》に碩学《せきがく》の位《くらい》に致《いた》る　縦《たと》え塞《さい》を磨《みが》き筒《つつ》を振《ふ》るとも
口《くち》には恒《つね》に経論《きょうろん》を誦《じゅ》せよ　又弓《またゆみ》を削《けず》り矢《や》を矧《は》げども
腰《こし》には常《つね》に文書《ぶんしょ》を挿《さ》しはさみ　張儀《ちょうぎ》は新古《しんこ》を誦《じゅ》して

枯木菓《こぼくこのみ》を結《むす》ぶ　亀耄《きもう》は史記《しき》を誦《じゅ》して

古骨《ここつ》に膏《あぶら》を得《え》たり　伯英《はくえい》は九歳《くさい》にして初《はじ》めに

早《はや》く博士《はかせ》の位《くらい》に到《いた》る　宗吏《そうし》は七十《しちじゅう》にして初《はじ》めて

学《がく》を好《この》んで師伝《しでん》に昇《のぼ》る　智者《ちしゃ》は下劣《げれつ》なりと雖《いえど》も

高台《こうだい》の客《かく》に登《のぼ》り　愚者《ぐしゃ》は高位《こうい》なりと雖《いえど》も

奈利《ないり》の底《そこ》に堕《お》つ　智者《ちしゃ》の作《つく》る罪《つみ》は

大《おお》いなれども地獄《じごく》に堕《お》ちず　愚者《ぐしゃ》の作《つく》る罪《つみ》は

小《ちい》さなれど必《かなら》ず地獄《じごく》に堕《お》つ　愚者《ぐしゃ》は常《つね》に憂《うれ》いを懐《いだ》く

譬《たと》えば獄中《ごくちゅう》の囚《とらわれびと》の如《ごと》し　智者《ちしゃ》は常《つね》に歓楽《かんらく》す

猶光音天《なおこうおんてん》の如《ごと》し　父《ちち》の恩《おん》は山《やま》より高《たか》し

須弥山《しゅみせん》尚《なお》下《ひく》し　母《はは》の徳《とく》は海《うみ》よりも深《ふか》し

滄溟海《そうめいかい》還《かえ》って浅《あさ》し　白骨《はくこつ》は父《ちち》の淫《いん》

赤肉《しゃくにく》は母《はは》の淫《いん》　赤白二諦《しゃくびゃくにたい》和《わ》して

五体身分《ごたいしんふん》と成《な》る　胎内《たいない》に処《お》ること十月《とつき》

身心《しんしん》恒《つね》に苦労《くろう》し　胎外《たいげ》に生《う》まれて数年《すうねん》

父母《ふぼ》の養育《よういく》を蒙《こうむ》る　昼《ひる》は父《ちち》の膝《ひざ》に居《い》て

摩頂《まとう》を蒙《こうむ》ること多年《たねん》　夜《よる》は母《はは》の懐《ふところ》に臥《ふ》して

乳味《にゅうみ》を費《ついや》すこと数斛《すうこく》　朝《あした》には山野《さんや》に交《まじ》わりて

蹄《ひづめ》を殺《ころ》して妻子《さいし》を養《やしな》う　暮《くれ》には紅海《こうかい》に臨《のぞ》みて

鱗《うろくず》を漁《すなど》って身命《しんめい》を資《たす》く　旦暮《たんほ》の命《いのち》を資《たす》けん為《ため》に

日夜悪業《にちやあくごう》を造《つく》りて　朝夕《ちょうせき》の味《あじわい》を嗜《たしな》まんとす

多劫地獄《たこうじごく》に堕《お》つ　恩《おん》を戴《いただ》きて恩《おん》を知《し》らざるは

樹《き》の鳥《とり》の枝《えだ》を枯《か》らすが如《ごと》く

徳《とく》を蒙《こうむ》りて徳《とく》を思《おも》わざるは

野《の》の鹿《しし》の草《くさ》を損《そん》ぜしむるが如《ごと》し　酉夢《ゆうむ》其《そ》の父《ちち》を打《う》てば
天雷《てんらい》其《そ》の身《み》を裂《さ》く　班婦《はんふ》其《そ》の母《はは》を罵《ののし》れば
霊蛇《れいじゃ》其《そ》の命《いのち》を吸《す》う　郭巨《かくきょ》は母《はは》を養《やしな》わん為《ため》
穴《あな》を掘《ほ》って金《こがね》の釜《かま》を得《う》　姜詩《きょうし》は自婦《じふ》を去《さ》って
水《みず》を汲《く》むに庭泉《ていせん》を得《う》　孟宗《もうそう》は竹中《ちくちゅう》に哭《なげ》きて
深雪《しんせつ》の中《うち》に筍《たけのこ》を抜《ぬ》く　王祥《おうしょう》歎《なげ》きて氷《こおり》を叩《たた》けば
堅凍《けんとう》の上《うえ》魚《うお》踊《おど》る　舜子《しゅんし》は盲父《もうふ》を養《やしな》いて
涕泣《ていきゅう》すれば両眼《りょうがん》開《ひら》く　刑渠《けいきょ》は老母《ろうぼ》を養《やしな》いて

食《しょく》を噛《か》みて齢《よわい》若《わか》く成《な》る　董永《とうえい》は一身《いっしん》を売《う》りて

孝養《こうよう》の御器《ぎょき》に備《そな》う　楊威《ようい》は独《ひと》りの母《はは》を念《おも》いて

虎《とら》の前《まえ》に啼《な》きて害《がい》を免《のが》る　顔烏《がんう》墓《はか》に土《つち》を負《お》えば

烏鳥《からすき》来たりて運《はこ》び埋《うず》む　許牧《きょぼく》自《みずか》ら墓《はか》を作《つく》るに

松柏《しょうはく》植《う》わりて墓《はか》と作《な》る　此等《これら》の人《ひと》は皆《みな》

父母《ふぼ》に孝養《こうよう》を致《いた》せば　仏神《ぶっしん》憐愍《れんみん》を垂《た》る

望《のぞ》む所《ところ》悉《ことごと》く成就《じょうじゅ》す　生死《しょうし》の命《いのち》は無常《むじょう》なり

早《はや》く欣《ねが》うべきは涅槃《ねはん》なり　煩悩《ぼんのう》の身《み》は不浄《ふじょう》なり

速《すみ》やかに求《もと》むべきは菩提《ぼだい》なり
厭《いと》うても厭《いと》うべきは娑婆《しゃば》なり
会者定離《えしゃじょうり》の苦《く》　恐《おそ》れても恐《おそ》るべきは六道《ろくどう》なり
生者必滅《しょうじゃひつめつ》の悲《かな》しみ　寿命《じゅみょう》は蜉蝣《ぶゆう》の如《ごと》し
朝《あした》に生《う》まれて夕《ゆうべ》に死《し》す　身体芭蕉《しんたいばしょう》の如《ごと》し
風《かぜ》に随《したが》って壊《やぶ》れ易《やす》し　綾羅《りょうら》の錦繍《きんしゅう》は
全《まった》く冥途《めいど》の貯《たくわ》えに非《あら》ず　黄金珠玉《おうごんしゅぎょく》は
只一世《ただいっせ》の財宝《ざいほう》　栄花栄耀《えいがえいよう》は

更《さら》に仏道《ぶつどう》の資《たす》けに非《あら》ず　官位寵職《かんいちょうしょく》は

唯現世《ただげんぜ》の名聞《みょうもん》　亀鶴《きかく》の契《ちぎ》りを致《いた》す

露命消《ろめいき》えざる程《ほど》　鴛鴦《えんおう》の衾《ふすま》を重《かさ》ぬるも

身体《しんたい》の壊《やぶ》れざる間《あいだ》　忉利摩尼殿《とうりまにでん》も

遷化《せんげ》の無常《むじょう》を歎《なげ》く　大梵高台《だいぼんこうだい》の客《かく》も

火血刀《かけっとう》の苦《くる》しみを悲《かな》しむ　須達《しゅだつ》の十徳《じっとく》も

無常《むじょう》に留《とど》まること無《な》し　阿育《あいく》の七宝《しっぽう》にても

寿命《じゅみょう》を買《か》うに無《な》し　月支《がっし》の月《つき》を還《かえ》せし威《いきおい》も

琰王《えんおう》の使《つか》いに縛《しば》らる　龍帝《りゅうてい》の龍《りゅう》を投《な》ぐる力《ちから》も

獄卒《ごくそつ》の杖《つえ》に打《う》たる　人尤《ひともっと》も施《ほどこ》し行《おこな》うべし

布施《ふせ》は菩提《ぼだい》の粮《かて》　人最《ひともっと》も財《ざい》を惜《お》しまざれ

財宝《ざいほう》は菩提《ぼだい》の障《さわ》り　若《も》し人《ひと》貧窮《ひんきゅう》の身《み》にて

布施《ふせ》すべき財《ざい》無《な》くんば　他《ひ》の布施《ふせ》する時《とき》を見《み》て

随喜《ずいき》の心《こころ》を生《しょう》ずべし　心《こころ》に悲《かな》しみて一人《いちにん》に施《ほどこ》せ

功徳大海《くどくだいかい》の如《ごと》し　己《おのれ》の為《ため》に諸人《しょにん》に施《ほどこ》せ

報《むく》いを得《う》ること芥子《けし》の如《ごと》し

砂《すな》を聚《あつ》めて塔《とう》と為《な》す人《ひと》は
早《はや》く黄金《おうごん》の膚《はだえ》を研《みが》く　花《はな》を折《お》って仏《ほとけ》に供《きょう》ずる輩《ともがら》は
速《すみ》やかに蓮台《れんだい》の趺《はなぶさ》を結《むす》ぶ　一句《いっく》信受《しんじゅ》の力《ちから》
転輪《てんりん》王《おう》の位《くらい》に超《こ》えたり　半偈《はんげ》聞法《もんほう》の徳《とく》は
三千界《さんぜんかい》の宝《たから》に勝《まさ》れり　上《かみ》は須《すべから》く仏道《ぶつどう》を求《もと》む
中《なか》ばは四恩《しおん》を報《ほう》ずべし　下《しも》は偏《あまね》く六道《ろくどう》に及《およ》ぶ
共《とも》に仏道《ぶつどう》を成《じょう》ずべし　幼童《ようどう》を誘引《ゆういん》せんが為《ため》に
因果《いんが》の道理《どうり》を註《ちゅう》す　内典《ないでん》外典《がいでん》より出《い》だす

見《み》る者《もの》誹《ひ》謗《ぼう》すること勿《なか》れ

聞《き》く者《もの》笑《わら》いを生《しょう》ずることなかれ

〔原　文〕

夫貴人前居　顯露不得立
遇道路跪過　有召事敬承
兩手當胸向　愼不顧左右
不問者不答　有仰者謹聞
三寶盡三禮　神明致再拜
人間成一禮　師君可頂戴
過墓時則愼　過社時則下
向堂塔之前　不可行不浄
向聖教之上　不可致無禮
人倫有禮者　朝廷必有法
人而無禮者　衆中又有過
交衆不雜言　事畢者速避

觸事不違朋　言語不得離
語多者品少　老狗如吠友
懈怠者急食　疲猿如貧菓
勇者必事危　夏虫如入火
鈍者亦無過　春鳥如遊林
人耳者付壁　密而勿讒言
人眼者懸天　隠而勿犯用
車以三寸轄　遊行千里路
人以三寸舌　破損五尺身
口是禍之門　舌是禍之根
使口如鼻者　終身敢無事
過言一出者　駟追不返舌
白圭玉可磨　悪言玉難磨

禍福者無門　唯人在所招
天作災可避　自作災難逃
夫積善之家　必有餘慶矣
又好惡之處　必有餘殃矣
人而有隠徳　必有陽報矣
人而有陰行　必有照明矣
信力堅固門　災禍雲無起
念力強盛家　福祐月増光
心不同如面　譬如水隨器
不挽他人弓　不騎他人馬
前車之見覆　後車之爲誡
前事之不忘　後事之爲師
善立而名流　寵極而禍多

人死而留名　虎死而留皮
治國土賢王　勿侮鰥寡矣
君子不譽人　則民作怨矣
入境而問禁　入國而問國
入鄕而隨鄕　入俗而隨俗
入門先問諱　爲敬主人也
君所無私諱　無二尊号也
愚者無遠慮　必可有近憂
如用管窺天　似用針指地
神明罸愚人　非殺爲令懲
師匠打弟子　非惡爲令能
生而無貴者　習修成智徳
貴者必不富　富者未必貴

雖富心多欲　是名爲貧人
雖貧心欲足　是名爲富人
師不訓弟子　是名爲破戒
師呵責弟子　是名爲持戒
蓄惡弟子者　師弟墮地獄
養善弟子者　師弟至佛果
不順教弟子　早可返父母
不和者擬寃　成怨敵加害
順惡人不避　縲犬如廻柱
馴善人不離　大船如浮海
隨順善友者　如麻中蓬直
親近惡友者　如藪中荊曲
離祖付疎師　習戒定恵業

根性雖愚鈍　好自致學位
一日學一字　三百六十字
一字當千金　一點助他生
一日師不疎　况數年師乎
師者三世契　祖者一世睦
弟子去七尺　師影不可踏
觀音爲師孝　寳冠戴彌陀
勢至爲親孝　頭戴父母骨
寳瓶納白骨　朝早起洗手
攝意誦經卷　夕遅寢洒足
靜性案義理　習讀不令意
如醉寐讇語　讀千卷不復
無財如臨町　薄衣之冬夜

忍寒通夜誦　乏食之夏日
除飢終日習　醉酒心狂亂
過食倦學文　温身增睡眠
安身起懈怠　匡衡爲夜學
鑿壁招月光　孫敬爲學問
閉戸不通人　蘇秦爲學文
錐刺股不眠　俊敬爲學文
縄懸頸不眠　車胤好夜學
聚螢爲燈矣　宣士好夜學
積雪爲燈矣　休穆入意文
不知冠之落　高鳳入意文
不知麥之流　劉完乍織衣
口誦書不息　倪寛乍耕作

腰帶文不捨　此等人者皆
晝夜好學文　文操滿國家
遂致碩學位　縦磨塞振筒
口恒誦經論　又削弓矧矢
腰常揷文書　張儀誦新古
枯木結菓矣　龜耄誦史記
古骨得膏矣　伯英九歳初
早到博士位　宗史七十初
好學昇師傳　智者雖下劣
登高臺之客　愚者雖高位
墮奈利之底　智者作罪者
大不墮地獄　愚者作罪者
小必墮地獄　愚者常懷憂

譬如獄中囚　智者常歡樂
猶如光音天　父恩者高山
須彌山尚下　母徳者深海
滄溟海還淺　白骨者父淫
赤肉者母淫　赤白二諦和
成五體身分　處胎内十月
身心恒苦勞　生胎外數年
蒙父母養育　晝者居父膝
蒙摩頭多年　夜者臥母懷
費乳味數斛　朝交干山野
殺蹄養妻子　暮臨干紅海
漁鱗資身命　爲資旦暮命
日夜造悪業　爲嗜朝夕味

多劫墮地獄　戴恩不知恩
如樹鳥枯枝　蒙徳不思徳
如野鹿損草　酉夢打其父
天雷裂其身　斑婦罵其母
靈蛇吸其命　郭巨爲養母
堀穴得金釜　姜詩去自婦
汲水得庭泉　孟宗哭竹中
深雪中抜筍　王祥歎叩氷
堅凍上踊魚　舜子養盲父
涕泣開兩眼　刑渠養老母
嚙食成齡若　董永賣一身
備孝養御器　揚威念獨母
虎前啼免害　顔烏墓負土

烏鳥來運埋　許牧自作墓
松柏植作墓　此等人者皆
父母致孝養　佛神垂憐愍
所望悉成就　生死命無常
早可欣涅槃　煩惱身不淨
速可求菩提　厭可厭娑婆
會者定離苦　恐可恐六道
生者必滅悲　壽命如蜉蝣
朝生夕死矣　身體如芭蕉
隨風易壞矣　綾羅錦繡者
全非冥途貯　黃金珠玉者
只一世財寶　榮花榮耀者
更非佛道資　官位寵職者

唯現世名聞　致龜鶴之契
露命不消程　重鴛鴦之衾
身體不壞間　忉利摩尼殿
歎遷化無常　大梵高臺客
悲火血刀苦　須達之十德
無留於無常　阿育之七寶
無買於壽命　月支還月威
被縛琰王使　龍帝投龍力
被打獄卒杖　人尤可行施
布施菩提粮　人最不惜財
財寶菩提障　若人貧窮身
可布施無財　見他布施時
可生隨喜心　悲心施一人

功徳如大海　爲己施諸人
得報如芥子　聚砂爲塔人
早研黄金膚　折花供佛輩
速結蓮臺趺　一句信受力
超轉輪王位　半偈聞法德
勝三千界寳　上須求佛道
中可報四恩　下徧及六道
共可成佛道　爲誘引幼童
註因果道理　出内典外典
見者勿誹謗　聞者不生笑

※本書の底本には『実語教　童子教』（大正十五年十月十五日発行／宮周作編纂）を使用しました。

〈著者略歴〉

齋藤孝（さいとう・たかし）

昭和35年静岡県生まれ。東京大学法学部卒業。同大学教育学研究科博士課程を経て、現在明治大学文学部教授。専門は教育学、身体論、コミュニケーション技法。著書に『子どもと声に出して読みたい「実語教」』『親子で読もう「実語教」』（ともに致知出版社）など多数。

子どもと声に出して読みたい
「童子教」

平成二十五年七月五日第一刷発行
令和六年二月二十日第三刷発行

著者　齋藤 孝
発行者　藤尾 秀昭
発行所　致知出版社
〒150-0001 東京都渋谷区神宮前四の二十四の九
TEL（〇三）三七九六―二一一一
印刷・製本　中央精版印刷

ISBN978-4-8009-1002-8 C0095

ホームページ　https://www.chichi.co.jp
Eメール　books@chichi.co.jp